D1640470

# DAS BUCH DER SCHWEIZER REKORDE

Hannes Bertschi

# CH-Tops – Das Buch der Schweizer Rekorde

Midas Verlag

*CIP Kurztitelaufnahme der Deutschen Bibliothek:*

*Bertschi, Hannes:*
*CH-Tops – Das Buch der Schweizer Rekorde*
*Zürich: Midas Verlag, 1995*
*(Midas Pocket)*
ISBN *3-907020-22-7*

*Angaben zur Produktion:*
*Konzeption, Buchgestaltung: Agentur 21, Zürich*
*Umschlagillustration: Andreas Locher, Zollikon*
*Belichtung: Copy Design, Erlenbach*
*Druck: Viktor Haller AG, Urdorf*
*Bindearbeiten: Benziger, Einsiedeln*

*Printed in Switzerland*

# Vorwort

**Das erste «Guiness-Buch der Rekorde»** wurde zwar nicht von einem Schweizer initiiert. Aber es hat zumindest den Schweizer Autor Hannes Bertschi inspiriert. Nämlich dazu, auch einmal die Schweiz nach dem Aspekt des Einmaligen und Einzigartigen näher zu betrachten. Von A bis Z und quer durch alle möglichen Lebensbereiche. Dabei herausgekommen ist eine Tour-de-Suisse der Superlative mit Rekorden aller Art.

Wobei das Wort «Rekord» hier nicht in erster Linie quantitativ messbare Höchstleistungen meint, sondern eher in seiner ursprünglichen Bedeutung verstanden wird: Rekord als «sportliche Höchstleistung» stammt vom englischen «to record», also «schriftlich aufzeichnen, beurkunden». Und geht man noch weiter zurück, landet man beim lateinischen «recordari», was so viel bedeutet wie «sich erinnern» oder «sich vergegenwärtigen». Vergegenwärtigen wir uns also die Schweiz auf ebenso ungewohnte wie unterhaltende Art ohne sie mürrisch zu kritisieren oder lobhudelnd zu idealisieren.

Lassen Sie sich überraschen vom bunten Nebeneinander der einzelnen Tops. Denn gewertet wird hier nicht. Das einzige Kriterium für die Auswahl war die Einzigartigkeit, der Superlativ, und ob der nun «gut» oder «schlecht» ist, ist eine andere Frage. Diese Frage möchten wir in diesem Buch nicht beantworten. Wie Sie feststellen haben wir auf blödsinnige Rekorde à la «Hamburger-Wettessen» und ähnliches völlig verzichtet. Uns interessierte es auch nicht, eine Liste all der Leute aufzustellen, die eine Zehntelssekunde rascher, einen Zentimeter höher oder sonst irgend etwas Belangloses waren. Viel lieber wollen wir dazu anregen, das Buch auch als eine Art Reiseführer zu betrachten. Deshalb haben wir nach Möglichkeit Zusatzinformationen bei den einzelnen Tops angefügt, die es einfacher machen sollen, neue Ausflugsziele oder Sehenswürdigkeiten direkt kennenzulernen.

In diesem Sinne: Viel Vergnügen bei unserer kleinen Tour-de-Suisse der Superlative!

Gregory C. Zäch
Midas Verlag

# A

**Die steilste normalspurige Adhäsionsbahn** Europas ist die Üetlibergbahn in Zürich. 1875 wurde die zur Touristenbeförderung erbaute Bahn eröffnet; 1973 wurde sie mit der Sihltalbahn zusammengeschlossen. Die maximale Steigung beträgt 79 Promille.

**Die meisten Äpfel** der Welt essen die Tellensöhne. Rund 25 Kilogramm frische Äpfel im Jahr sind es pro Person, vom Kleinkind bis zum Greis alle miteingerechnet. Zwei Drittel des Ertrages von insgesamt über zweieinhalb Millionen Apfelbäumen kommen als Tafelobst auf den Markt. Im Anbau macht der Golden Delicious fast die Hälfte der Tafeläpfel aus. Exklusiv in der Schweiz angepflanzt wird der Maigold, der 1964 gekreuzt wurde.

**Der erste Aids-Pfarrer** Europas heisst Eike Sobel. 1987 nahm er im Auftrag der reformierten Kirche des Kantons Zürich seine Tätigkeit auf, für fünf aufopfernde Jahre. "In meiner Arbeit geht es nicht um das Sterben, sondern um das Leben mit Aids", sagte er in einem Interview. Nach seiner Arbeit als Aids-Pfarrer übernahm er die Leitung des Zürcher «Lighthouse».

**Der älteste Alpengarten** Europas, der noch immer in Betrieb ist, heisst «La Thomasia» und liegt auf der 1260 Meter hohen Alp Pont de Nant in den Waadtländer Alpen, am Fusse des Grand Muveran. Der 1891 gegründete, eine Hektare grosse Garten am Eingang des Naturschutzgebietes von Vallon de Nant bietet ideale klimatische Bedingungen für die Zucht von Alpenpflanzen: ausgiebige Niederschläge, wenig aber intensive Sonneneinstrahlung, kühle Nächte und eine die Vegetation schützende, dicke Schneedecke im Winter. Im «La Thomasia» können die Besucher rund 3000 nach geographischen Gesichtspunkten angeordnete Gebirgspflanzen bewundern. Etwa das Edelweiss aus dem Himalaja oder die Iris aus den Pyrenäen, die einheimische Bergflockenblume oder eine kaukasische Herkulesstaude; Schwefelanemonen, Türkenbund, Steinnelken usw. «La Thomasia» erfüllt verschiedene

Funktionen: Schutz bedrohter Arten, Schaufenster des Reichtums und der Schönheit der Bergpflanzenwelt, Ort der Ruhe, Garten für botanisches Studium.

*La Thomasia. Autobahn Martigny-Lausanne, bei Bex abzweigen Richtung Le Bevieux, Les Plans, La Thomasia. - Geöffnet von Mai bis Oktober, den Schneeverhältnissen entsprechend. Im Mai, Juni, September: 11-18 Uhr, Di geschlossen. Juli/August: 11-19 Uhr, täglich. Oktober: 13-17 Uhr, Dienstag geschlossen. Schönste Zeit: Juni. Eintritt frei.*

**Der grösste Alpengletscher** ist der Grosse Aletschgletscher im Kanton Wallis, ein Ausläufer der Eismasse der Finsterahorngruppe. Von der ebenen Firnfläche des Konkordiaplatzes, wo das Eis eine Mächtigkeit von 800 Metern hat, erstreckt sich die Gletscherzunge bogenförmig gegen Süden. Seine Gesamtlänge beträgt 23,6 Kilometer, die Zunge allein misst 16,5 Kilometer, im Mittel ist er 1800 Meter breit, und seine Gesamtfläche beträgt 117,6 Quadratkilometer. Der längste bekannte Gletscher überhaupt liegt im australischen Südpolgebiet. Er ist bis zu 64 Kilometer breit und über 400 Kilometer lang.

**Die erste Alpenstrasse**, die durchgehend mit Wagen befahrbar war, ist der geschichtsträchtige Septimerpass. Ende des 14. Jahrhunderts wurde sie gebaut, doch ist der Alpen-

*La Thomasia: Ältester Alpengarten Europas. Foto: Michel Marie.*

*Aletschgletscher: Blick von Riederalp, SVZ*

übergang im Kanton Graubünden, zwischen Bivio und Casaccia wahrscheinlich schon in der Vorzeit benutzt worden. Sicher aber wählten die Römer diese Route auch bereits für Eroberungen und Handel. Ein erstes Hospiz gab es vermutlich ebenfalls schon zur Römerzeit, 831 ist ein anderes bekundet. Im Mittelalter war der vom Churer Bischof beherrschte Saumweg für den europäischen Transitverkehr einer der wichtigsten Alpenpässe überhaupt. Nach dem Ausbau der Viamala (1473) musste der «Kaiserpass» seine Bedeutung an Splügen und Sankt Bernhard abtreten.

**Der längste Alpentunnel** der Welt verbindet Brig und Domodossola. Es ist die 1921 fertiggestellte und ein Jahr später feierlich eröffnete, 19,82 Kilometer lange Simplon-Röhre («Simplon II») Bis 1979 war es der längste Eisenbahntunnel überhaupt, dann wurde er vom Seikan-Tunnel in Japan abgelöst der 53,87 Kilometer lang ist und die Inseln Hinshu und Hokkaido 240 Meter unter dem Meeresspiegel miteinander verbindet. 1994 wurde zudem der «Kanaltunnel» eröffnet, der England mit dem europäischen Kontinent verbindet und knappe 50 Kilometer misst. Und der für den Alpentransit projektierte Gotthard-Tunnel (49 km) wird dereinst dem Simplon II den Rekord des längsten Alpentunnels stehlen.

**Die erste Alpenüberquerung** in der Luft gelang Eduard Schweizer, besser bekannt als Eduard Spelterini (1852-1931). 1898 überquerte der Luftfotograf und professionelle Ballonfahrer mit dem Gasballon «Wega» die Alpen. Start war in Sitten, und nach mehreren Stunden landete er im französischen Dörfchen Rivière. Zwischen 1880 und 1931 stieg Spelterini über 500 Mal mit einem Gasballon auf, dabei brachte er über tausend Passagiere heil wieder zur Erde.

**Die erste Aluminiumindustrie** Europas entstand in Neuhausen am Rheinfall. Im Jahre 1888 nahm das Werk der Aluminium-Industrie-Aktien-Gesellschaft (seit 1964: Alusuisse – Schweizerische Aluminium AG) die Produktion auf und stellte Aluminium durch Schmelzflusselektrolyse her. So wurde Neuhausen zur Wiege der europäischen Aluminiumindustrie. Aluminium tritt in der Natur nicht im metallischen Zustand auf sondern immer in Verbindung mit Sauerstoff, als Oxid. Aus diesem Oxid, der Tonerde, ist es jedoch nur schwer zu trennen, deshalb brauchte man so lange , bis das Verfahren industrielle Reife erlangte.

**Eine der einflussreichsten Figuren der modernen Architektur** war zwischen 1920 und 1960 Charles-Edouard Jeanneret, der als Le Corbusier weltberühmt ist. Le Corbusier, 1887 in La-Chaux-de Fonds geboren, baute eines der ersten Stahlbeton-Wohnhäuser (Villa Schwob, 1916), erar-

beitete ein industriell ausführbares Bauprinzip, und er kreierte die «Maisons Dom-ino», also "Stockwerkplatten auf zurückgesetzten Stützen als ein in allen Richtungen fortsetzbarer Serienbau in Stahlbeton ohne tragende Wände" («Lexikon der Architektur» ). 1951 erfand er den «Modulor», ein auf dem Goldenen Schnitt aufgebautes Proportionensystem. Er machte viele Entwürfe und Projekte für grosse Bauten und städtebauliche Pläne; sein wohl berühmtestes Werk ist die Wallfahrtskirche von Ronchamp (bei Belfort, Frankreich). 1965 ertrank Le Corbusier bei Cap-Martin beim Baden.

*\* Le Corbusiers Ausstellungspavillon an der Höschgasse 8 in Zürich. Öffent-*

*Ausstellungspavillon, 1966/67 nach Entwürfen von Le Corbusier erbaut. Foto: SVZ*

*lich zugänglich (Juli, August, September: Sa/So 14-17 Uhr).*

**Die meisten Auswanderer** im Baugewerbe musste das kleine Gebiet des Sottoceneri im Kanton Tessin verkraften. Zwischen dem 12. und 19. Jahrhundert mussten sich über 4000 Bauleute eine neue Heimat suchen. Die ausgewanderten Maurer, Zimmerleute, Architekten und Bildhauer haben sich auf 35 Staaten verteilt. Unter ihnen sind anerkannte Künstler und Persönlichkeiten. Berühmtestes Beispiel ist Francesco Castello, besser bekannt als Francesco Borromini (1599-1667), der die blaue Hundertfranken-Note ziert. Der Barock-Architekt begründete einen neuen Baustil, der vor allem im deutschen Spätbarock nachwirkte. Zu seinen Bauwerken gehören u.a. die Kirche Maria della Salute in Venedig oder die Dreifaltigkeitskirche in München.

**Der einzige jährlich stattfindende Automobil-Salon** Europas ist jener von Genf. Der erste wurde bereits 1905 organisiert, der erste internationale 1924. Seit 1982 findet der Internationale Automobil-Salon im «PALEXPO» statt, mit weiterhin wachsendem Erfolg. Wohl nirgendwo sonst erhält der Besucher ein so vollständiges Bild der jährlichen Neuerungen im Bereich des Automobils wie in Genf.

*1924: erster Int. Automobil-Salon in Genf*

*\* Internationaler Automobil-Salon in Genf, PALEXPO (neben Flughafen). Immer im März, Eröffnung jeweils an einem Donnerstag. Informationen über Telefon 022/798 11 11*

**Die erste Auto-Partei** Europas wurde 1985 in der Schweiz ins Leben gerufen. Seit dem 7. Mai 1994 hat sie einen neuen Namen: Freiheits-Partei der Schweiz (FPS). Rund 13'000 Mitglieder zählt die politische Partei.

**Den ersten vollautomatischen Autosilo** der Welt liess die «Autosilo und Hotel International AG» in Basel errichten. Der 400 Autos fassende Silo musste infolge zu grosser staatlicher Konkurrenz schon 1969 schliessen und wurde bald abgebrochen.

# B

**Die ersten Batterie-Recycling-Anlagen** der Welt nahmen 1992 in der Schweiz den Betrieb auf: Die «Batrec» in Wimmis (Berner Oberland), die auf Initiative des Migros-Genossenschafts Bundes, der Stadt Zürich und des Bundesamtes für Umwelt, Wald und Landschaft (Buwal) zustande kam, sowie die «Recymet SA» bei Aclens (Kanton Waadt). Zusammen haben sie genügend Kapazität, alle in der Schweiz anfallenden Gebraucht-Batterien umweltgerecht zu recyklieren. Die Entsorgung gebrauchter Batterien ist in der Schweiz durch eine gesetzlich obligatorische Rücknahmepflicht und ein von der Privatwirtschaft getragenes Recycling-Programm geregelt. Zu den während des Recyclings-Prozesses ausfallenden und wiederverwertbaren Produkten gehören u.a. Zink, Ferromangan (z.B. als Legierungsstoff für die Herstellung von Stahl) und Quecksilber.

**Die erste Baukasten-Kamera** der Welt entwickelte der Schweizer Carl Koch aus Schaffhausen Ende der vierziger Jahre. «Sinar» heisst sie, die fünf Buchstaben stehen für Studio, Industrie, Natur, Architektur und Reproduktion. Heutzutage, wo man auch zu Kleinbildkameras jegliches Zubehör hinzukaufen kann, erscheint die Sinar nicht mehr revolutionär, doch vor einem halben Jahrhundert waren die Kameras noch starre Kästen. Das besondere an der Sinar: Die Standarten der beiden Grundmodelle (Sinar p2 und f2) lassen sich fast beliebig miteinander kombinieren und lassen sich auch mit weiteren Kameramodellen zusammenstellen. Die Fachfotografen wissen es zu schätzen: mit vierzig Prozent Marktanteil ist die Sinar bei den Fachkameras Weltspitze.

**Die torreichste Begegnung** bei einer Fussball-Weltmeisterschaft bleibt die Partie zwischen der Schweiz und Österreich aus dem Jahre 1954. Nach einem dramatischen Spiel unterlagen damals die Rotjacken im Viertelfinale in Lausanne vor 31'000 Zuschauern ihrem Gegner mit 5:7 Toren, und dies, nachdem die Schweizer mit 3:0 geführt hatten. Robert Ballaman (2) und «Seppe»

*Zermatt mit Matterhorn. Foto: Jürg Weil. Kurverein Zermatt.*

Hügi II, auch «Goldfiessli» genannt (3), schossen die Tore für die Eidgenossen. Weltmeister wurde 1954 zum ersten Male Deutschland, das Ungarn im Final mit 3:2 besiegte.

**Als schönster Berg** überhaupt gilt gemeinhin, unter Alpinisten wie Touristen, der Mont Cervin respektive Monte Cervino respektive das weltbekannte Matterhorn. Zwar lässt sich das nicht statistisch beweisen, doch wird wohl kein anderer Berg so oft fotografiert wie eben das Matterhorn ob Zermatt. Ins Schwärmen geriet 1927 Wilhelm Junk, für ihn war es die "schönste Berggestalt, die wir kennen, etwas in seiner Art auf der Erde ebenso einziges wie es Venedig oder Shakespeare ist." Natio-

nales Symbol war er bereits im denkmalsüchtigen 19. Jahrhundert und dies, obwohl die italienisch-schweizerische Grenze über dem Bergkamm verläuft. Dass die Schweizer den Berg für sich vereinnahmen konnten, verdanken sie vor allem dem Engländer Edward Whymper, der mit einer Seilpartie den 4478 Meter hohen, pyramidenförmigen Berggipfel 1855 von Schweizer Seite her erstmals eroberte. Als Illustrator hatte er den Berg zudem von seiner schönsten (Schweizer) Seite her gezeichnet.

**Die kleinste Bergbahn** Europas, die Drahtseilbahn Marzili in Bern, führt über eine Distanz von 104,8 Meter, vom Marzili-Quartier zur Bundesterrasse. Dabei überwindet sie 33 Meter Höhenunterschied. 1885 nahm das Marzili-Bähnli seinen Betrieb auf; gebaut wurde es anlässlich des im selben Jahr stattfindenden eidgenössischen Schützenfestes. In den Kabinen finden dreissig Personen stehend Platz, trotzdem wurden 1990 insgesamt 688'000 Menschen befördert. Noch 1974 wurde die Marzili-Bahn mit Wasserschwerkraft betrieben. Im oberen Bähnli füllte man, vereinfacht gesagt, Wasser ein, unten liess man es wieder heraus; das jeweils schwerere Bähnli zog so das andere hinauf.

* *Ein alter Wagen der Marzili-Bahn steht im Verkehrshaus Luzern, der andere unterhalb des Bundesrains in Bern (Marzili-/Brückenstrasse).*

*Marzili-Bähnli und Bundeshaus*

*Mit 90 Jahren zum 375. Male aufs Matterhorn*

**Der älteste aktive Bergführer** Europas, wenn nicht sogar der Welt, heisst Ulrich Inderbinen. Er wurde am 3. Dezember 1900 als drittes von neun Kindern in Zermatt geboren. In Sierre absolvierte er 1925 einen zweiwöchigen Kurs als Bergführer. Seither hat er über fünfzig Viertausender erklommen. Noch 1990 führte er rund sechzig Bergtouren an. "Man muss am Ball bleiben, immer etwas tun, einigermassen solid leben", lautet sein Leitsatz. Anlässlich des 125jährigen Jubiläums der Erstbesteigung des Matterhorns bestieg Ulrich Inderbinen am 14. Juli 1990 mit einem Zermatter Bergführer zum 375. Male diesen Berg.

**Beim grössten Bergsturz** des Alpenraumes donnerten rund zwölf Kubikkilometer Gestein zu Tale, und zwar in der Region, die heute als «Weisse Arena» allen Skifreunden bekannt ist: in der Umgebung von Flims/Laax (Kanton Graubünden). Die Naturkatastrophe ereignete sich vor 15'000 Jahren, nach dem Abschmelzen der eiszeitlichen Gletscher. Damals verloren beim Rückzug des Vorderrheingletschers gewaltige Felsmassen ihren Halt.

**Die meisten Best- und Longseller** im deutschsprachigen Raum erscheinen im Diogenes Verlag, Zürich. Weit über 3000 Titel hat Verleger Daniel Keel seit 1952 herausgebracht, darunter Klassiker ebenso wie Neuentdeckungen, Cartoons wie Filmbücher. Zu den berühmtesten Bestsellern der letzten Jahre gehört «Das Parfüm» von Patrick Süskind.

**Die höchste Beton-Staumauer** der Welt ist die «Grande Dixence» oberhalb Sion, deren letzter Teil 1966 in Betrieb genommen wurde. Die kolossale Beton-Staumauer ist 284 Meter hoch und 700 Meter lang. 400 Millionen Kubikmeter Wasser fasst der Stausee im Val des Dix, wenn er gefüllt ist. Die mittlere Jahres-Energieerzeugung beträgt 600 Millionen Kilowattstunden, das ist ein Fünftel der in der Schweiz speicherbaren Energie. 1,65 Milliarden Franken kostete das Bauwerk, das totale Betonvolumen beträgt 5,96 Millionen Kubikmeter. Nun wird Grande Dixence für weitere rund 1,1 Milliarden ausgebaut, um die Leistung der Turbinen aus den Wassererträgen der beiden Stauseen von Cleuson und Dixence zu verdoppeln.

**Die grösste Bienenvölkerdichte** der Welt hat die Schweiz, wenn man von der landwirtschaftlich nutzbaren Fläche ausgeht. So gerechnet gibt es weit über zehn Bienenvölker pro Quadratkilometer. Einige Inseln in Grie-

*Grösste Beton-Staumauer der Welt: Grande Dixence. Foto: Germond Industrie*

chenland haben eine ähnlich hohe Dichte, und an der Spitze stand früher die ehemalige Tschechoslowakei. In der Schweiz sind rund 25'000 Imker bei Vereinen registriert, dazu kommt etwa ein Viertel «Wilde». Sie betreuen rund 300'000 Bienenvölker; ein Bienenvolk wiederum besteht aus 20'000 bis 70'000 Arbeitsbienen, meist nur einer Königin und im Sommer noch 500 bis 2000 Drohnen (Männchen).

*\* Mehr über Bienen in: «Schweizerische Bienen-Zeitung». Abonnement über Telefon 033/54 93 30.*

**Das stärkste Bier** der Welt wird jeweils am 6. Dezember, am St. Nikolaus-Tag also, gebraut und hat den entsprechenden Namen «Samichlaus Bier». 14,93 % vol. ist sein Alkoholgehalt. Das Bier der Brauerei Hürlimann reift danach über zehn Monate lang und gelangt im darauffolgenden Oktober/November auf den Markt. Hell und dunkel kann man

es haben, in 3,5-dl-Flaschen. Kenner schätzen dieses Weihnachtsbier.

**Das grösste Bierglas** unseres Planeten wurde in der Glasbläserei Hergiswil im Kanton Nidwalden fabriziert. Das im Auftrag des Schweizerischen Bierbrauervereins entstandene Superglas, das jeden Münchner Mass-Trinker vor Neid erblassen lässt, ist 1,74 Meter hoch und fasst 662 Liter. Mass und Inhalt amtlich bestätigt.

**Die berühmteste Bleistiftfabrik** Europas ist die in Genf domilizierte Familiengesellschaft «Caran d'Ache». Der jedem Schweizer geläufige Name

stammt vom russischen Wort Karandasch und heisst – Bleistift.
Karandasch war auch die Signatur des in Moskau geborenen Künstlers Emmanuel Poiré. Ihm zu Ehren nannte Arnold Schweitzer seine 1924 gegründete Fabrik dann Caran d'Ache. Längst werden nicht mehr nur Bleistifte hergestellt (die eigentlich Graphit-Stifte heissen müssten, denn die Mine wird aus Graphit und Tonerde fabriziert), sondern auch

Farbstifte, Ölkreiden, Kugelschreiber
oder Füllfedern.

**Die schönste Blumenstadt** Europas ist
Bern. Oder war es zumindest 1984,
als die Stadt bei dem von der Europäischen Gemeinschaft ausgeschrie-
benen Blumenwettbewerb «Entente
florale» zur «schönsten Blumenstadt
Europas 1984» erkoren wurde. Zudem hat kaum eine andere europäische Stadt eine solche Blumen-
tradition wie Bern. Bereits 1897 gab
es erste Bemühungen "zur Förde-
rung der 'Fensterdecorationen'
durch den Verschönerungsverein
der Stadt Bern und Umgebung".
Und seither bemühen sich Stadt und
Private, Bern Jahr für Jahr im blu-
migsten Licht erscheinen zu lassen.

**Die älteste Bobbahn,** die heute noch
wettkampfmässig gefahren wird,
steht in St. Moritz. Seit 1904 wird die
weltberühmte Olympia-Bobbahn
von St. Moritz nach Celerina jedes
Jahr von Hand aufgebaut und ist
damit die traditionsreichste Bahn
der Welt. Die Gesamtlänge beträgt
1585 m, der Höhenunterschied 129
m und das grösste Gefälle 15%.
*\* Die meisten alten Bobsleighs sind zu
sehen im Schweizerischen Sportmuseum in Basel. Auskünfte über Telefon 061/261 12 21.*

*Erste Briefmarke im Mehrfarbendruck*

**Die erste Briefmarke** der Welt, die
mehrfarbig gedruckt wurde, ist das
berühmte «Basler Dybli». Die 2½
Rappen-Marke erschien 1845 (Pro-
bedruck bei Krebs, Frankfurt a.M. )
und stellte eine Sensation dar, denn
alle Briefmarken wurden damals im
Einfarbendruck hergestellt. Vom
schwarz/blau/karmin-farbigen Basler Dybli existieren heute in Samm-
lerhänden noch ca. 5000 Stück. Der
Wert richtet sich je nach Relief, Farbe und Rand; für ein Exemplar von
guter Qualität muss man mindestens
17'000 Franken hinblättern.

**Die grösste, öffentlich zugängliche Brief-
markensammlung** der Welt ist im
Schweizerischen PTT-Museum in
Bern zu sehen. Das Briefmarken-
Kabinett ist auf zwei Stockwerke verteilt und umfasst 45 eingebaute Aus-
stellungsschränke mit ausziehbaren

Schiebern à hundert Schauflächen, 24 Standvitrinen, 18 Wandvitrinen und acht mobile Vitrinen für Sonderausstellungen. Man findet dort so

ziemlich alles, was das Herz eines Philatelie-Fans höher schlagen lässt: Alte Briefe und Stempel, eidgenössische Marken ab 1850, Druckmaschinen-Modelle, den ältesten, mit einer Briefmarke frankierten Brief, Ballonpost, antike Tontafelbriefe und Siegel, Soldatenmarken, Fälschungen, Kuriositäten usw. Insgesamt sind gegen eine Million Marken und Briefe ausgestellt.

*\* Schweizerisches PTT-Museum, Helvetiastrasse 16, Bern. Telefon: 031/ 338 77 77. Geöffnet: Di-So 10-17 Uhr.*

**Die meisten Brotsorten** der Welt werden, zumindest im Verhältnis zur Einwohnerzahl, in der Schweiz gebacken. Rund 250 Sorten sind es. Nur schon die Kantone haben meist ihr eigenes Brot, das Kantonsbrot. Der «Bündner Roggenring» beispielsweise, eine Gebäckform mit langer Geschichte, wird von den Bergbauern noch immer als Wochen- oder Monatsvorrat an Stangen aufgehängt und gelagert.

In neuerer Zeit gewinnen die Spezialsorten aus vorwiegend dunklen Mehlsorten und verschiedenen Zutaten an Bedeutung, etwa das Nuss-, Mais-, Sauerteig-, Rustico-, Birnen- oder Weizenkeimbrot. Längst vorbei also die eintönigen Zeiten der Pfahlbauern, die ihre Getreidefladen auf heissen Steinplatten zubereiteten.

# C

**Der am reichsten ausgestattete China-garten** des europäischen Kontinents ist jener in Zürich, der im Frühling 1994 eröffnet wurde. Er ist ein wunderbares Geschenk von Zürichs Schwesterstadt Kunming, als Dank für die Hilfe der Limmatstadt beim Aufbau einer modernen Wasserversorgung in der südwestchinesischen Provinz Yunnan. Der chinesische Garten in Zürich enthält Elemente eines Kaisergartens und ist deshalb in der Hierarchie der ranghöchste.

Erbaut haben ihn 25 Fachleute aus Kunming. Um den Garten in seiner ganzen Pracht und kulturellen Symbolik zu begreifen, braucht man Zeit und Musse.

*\* Chinesischer Garten in Zürich.*
*Geöffnet: Täglich 11-19 Uhr, Do bis 22 Uhr, Sa 7-19 Uhr. Ende Oktober bis anfangs März geschlossen.*
*Der Verkehrsverein Zürich bietet Gruppenführungen unter kundiger Leitung. Auskunft über Telefon 01/ 211 40 00.*

*Chinesischer Garten in Zürich. Foto: Hannes-Dirk Flury*

# D

**Die ersten Dadaisten** der Welt fanden in Zürich zusammen. Am 5. November 1916 eröffnete Hugo Ball an der Spiegelgasse in Zürich, gleich neben Lenins Exil-Domizil, das «Cabaret Voltaire». Es war Sammelort der Dadaisten mit einer kleinen Bühne, die auch Ausstellungslokal war. Dadaismus war eine revolutionär-künstlerische Bewegung, entstanden als Reaktion auf die Greuel des ersten Weltkrieges und als Manifestation gegen fragwürdig gewordene bürgerliche Werte. Das Wort «Dada» (franz. «Holzpferdchen»)

*Juf, 2126 m.ü.M., Foto: SVZ*

sollte zynisch das Abtun aller grosssprecherischen Werte und Worte kennzeichnen. Zur ersten Gruppe gehörten Hugo Ball, Emmy Hennings, Tristan Tzara, Richard Huelsenbeck, Marcel Janco, Walter Serner und Hans Arp. Von letzterem stammen die Worte: "Dada ist die Revolte der Ungläubigen gegen den Unglauben. Dada ist die Sehnsucht nach Glauben. Dada ist der Ekel vor der albernen verstandesmässigen Erklärung der Welt." Nach Zürich wurden Berlin, Paris, Köln und New York zu weiteren Aktionsorten der Dadaisten.

\* *Bücher zum Thema: Raimund Mayer, «Dada global». Karl Riha/Jörg Schäfer (Hrsg.) «DADA Total».*

*President Polk mit Sulzer Dieselmotor.*

**Der stärkste Dieselmotor** der Welt, der «12RTA84» von New Sulzer Diesel AG, Winterthur, leistet rund 42'000 kW (57'000 PS) bei 95 min $^{-1}$. Er ist 21,7 Meter lang, 13,6 Meter hoch und wiegt 1750 Tonnen. Das erste Schiff mit diesem Motor, die «President Truman», lief 1988 erstmals aus. Es war auch das erste Schiff, das den Panama-Kanal nicht mehr durchfahren konnte – wegen seiner gigantischen Grösse. Die «12RTA84» sind treibende Kraft für mehrere TEU Containerschiffe der American President Lines.

**Das höchstgelegene ganzjährig bewohnte Dorf** Europas ist Juf im Averstal (Graubünden). Die Walsersiedlung Juf liegt auf 2126 m.ü.M. Ebenfalls im Averstal, nicht weit entfernt von Juf, liegt Cresta, das höchstgelegene Kirchdorf (1963 m.ü.M). Avers ist eine Talgemeinde mit vierzehn Streusiedlungen im Hinterrheingebiet. Das Averstal wurde im 14. Jahrhundert von deutschsprachigen Walsern besiedelt.
* *Juf. Über Chur, Thusis, Andeer, Cresta erreichbar. Von Juf schöne Wanderwege, z .B. der Weg über die hochgelegene Forcellina, hinüber zum Kaiserpass Septimer und hinunter nach Bivio.*

**Die höchste Drahtseilbahn** der Welt ist die «Felskinn-Mittelallalin» (FMA) ob Saas Fee im Wallis, deren Bergstation auf 3500 Meter über Meer liegt. Als Draht- oder Standseilbahn bezeichnet man eine kurze, geneigte Schienenbahn mit Fahrzeugen ohne eigenen Antrieb, die an einem Drahtseil über eine bergseitige Umlaufanlage verbunden sind. Die FMA fährt mit einer Geschwindigkeit von zehn Metern pro Sekunde oder 36 Kilometern die Stunde unter den Eismassen des Chessjen-Gletschers hindurch. Drei Minuten dauert die unterirdische Fahrt, während der man unmerklich 469 Meter Höhendifferenz überwindet.

**Das grösste Drehorgel-Festival** der Welt geht seit 1981 in Thun alle zwei Jahre über die Bühne oder besser: über die Gassen der Innenstadt. Weit über 200 Orgelfrauen und -männer sind da am Drehen, aus verschiedensten Berufen und Ländern Europas kommen sie, und einer lässt es sich nicht nehmen, jeweils von Finnland

an den Thunersee zu radeln. Ausser elektronischen Orgeln sieht man so ziemlich alle Orgeltypen, von der kleinsten bis zur riesigen Karussell-Orgel.

*Drehorgel-Festival in Thun, im zweijährlichen Turnus, immer bei ungeraden Jahreszahlen, jeweils im Juli. Interessierte können sich beim Verkehrsbüro Thun melden. Telefon: 033/22 23 40.*

**Das höchste Drehrestaurant** der Welt, das «Metro Alpin» ob Saas Fee, steht auf Mittelallalin, 3450 Meter über Meer. Der dreigeschossige Bau umfasst neben Küche und technischen Räumen ein Selbstbedienungsrestaurant, eine Aussichtsterrasse und als architektonischen Mittelpunkt das Drehrestaurant. In einer Stunde sieht man während eines gepflegten Essens ein Rundum-Panorama mit Allalinostwand, Mischabelgruppe, Berner Alpen, Bündner Bergen und den Gipfeln der italienischen Alpen. Die Stahlkonstruktion muss Windgeschwindigkeiten bis zu 200 Kilometer pro Stunde aushalten.

*Information erhalten Sie über Telefon 028/57 17 71 («Metro Alpin») oder über 028/57 14 57 (Verkehrsbüro Saas Fee).*

*Drehrestaurant «Metro Alpin» mit Lagginhorn. Foto: S. Eigstler*

**Die eifrigsten Eisenbahnfahrer** Europas sind die Schweizer. Im Jahre 1992 fuhr jeder Eidgenosse im Schnitt 41 Mal mit der Bahn. Nur in Japan fährt man noch mehr Zug, nämlich 70 Mal pro Jahr. Auch bezüglich zurückgelegter Kilometer steht die Schweiz mit 1'760 Kilometer pro Kopf und Jahr europaweit an der Spitze (Japan: 2'015 km).

**Das dichteste Eisenbahnnetz** der Welt hat die Schweiz. Rund 5000 Kilometer Schienen sind befahrbar, das sind 25 km pro 1000 km². An zweiter Stelle liegt Deutschland (112 km pro 1000km²) weit abgeschlagen folgen Österreich, Frankreich und Japan. Auch kein anderes europäisches Land kommt nur annähernd an die für die Schweiz im Personenverkehr errechneten Werte bezüglich Zugsdichte heran. Die Zahl der Reisezüge pro Tag und Strecke beträgt 86. Damit hat die Schweiz nicht bloss das dichteste, sondern auch das meistbefahrene Zugsnetz der Welt.

**Die höchste Eisenbahnstation** Europas hat den Namen «Jungfraujoch»; sie liegt auf 3454 Meter über Meer. Die Bahn und Station geht auf den Schweizer Adolf Guyer (1839-1899) zurück. 1898 weihte man die erste Teilstrecke «Kleine Scheidegg-Eigergletscher» ein, sieben Jahre später folgte die Eröffnung der Strecke bis «Eismeer», 1912 kam der Durchschlag in der Station Jungfraujoch. Nach sechzehn Jahren war das pionierhafte Werk fertig.

**Die grösste nationale Enzyklopädie** Europas im 20. Jahrhundert ist das «Schweizer Lexikon» in sechs reich illustrierten Bänden. Im Unterschied etwa zum «Brockhaus-Lexikon» geht das Schweizer Lexikon von der Schweiz aus, zum ersten Mal ist damit ein Lexikon auf nationaler Basis aufgebaut. Das Lexikon behandelt 85'000 Stichworte auf sechs Mal 852

*Küchengerät von anno dazumal im Ernährungsmuseum Vevey*

Seiten. 2500 Spezialisten aus verschiedenen Wissensgebieten haben daran mitgearbeitet.

\* «*Schweizer Lexikon*». *Im Buchhandel erhältlich oder direkt über Verlag Schweizer Lexikon, 6005 Luzern. Telefon: 041/44 60 14.*

**Die meisten Erfinder** der Welt hat, pro Kopf gerechnet, wohl die Schweiz. Zwar lässt sich das nicht mit Zahlen belegen, doch gilt die Eidgenossenschaft weltweit als «Land der Tüftler». Sicher ist, so verlautet zumindest beim Bundesamt für geistiges Eigentum, dass die Schweiz bezüglich Patenteinreichungen und Patenterteilungen in der Pro-Kopf-Relation weltweit einen Spitzenplatz einnimmt. Im Jahre 1838 wurde das erste schweizerische Patent erteilt, 1990 waren es 3450.

**Das erste Ernährungs-Museum** der Welt wurde dank der von Nestlé initiierten «Stiftung Alimentarium» 1985 in Vevey eröffnet. In den einzelnen Abteilungen wird Ernährung in ihrer Gesamtheit erfassbar. Anschaulich gemacht wird der historische Aspekt (vom Landwirtschafts- zum

24

Industriezeitalter), der naturwissen-schaftliche (von der Sonne zum Konsumenten) sowie der ethnologi-sche (Esskultur in anderen Län-dern).

*Ernährungs-Museum. 1, rue du Léman, Vevey. Geöffnet Di bis So 10-12, 14-17 Uhr. Führungen nach Ver-einbarung über Telefon 021/924 41 11*

**Als erster Europäer** hat der Schweizer Johann Ludwig Burckardt (1784-1817) der abendländischen Kultur genaue Berichte und Pläne der hei-ligen Stätten des Islam in Mekka und Medina vermittelt. Dazu ist er auch der erste Europäer gewesen, der zu-verlässige Berichte über die Bewoh-ner der grossen nubischen Wüste, die Bischarin und die Hallenga, ge-schrieben hat; er war auch der erste, der wissenschaftliche Kunde über Lebensart und Religionsbräuche der Wahabiten auf der arabischen Halb-insel nach Europa sandte. Bereits als

*J.L. Burckardt bzw. «Scheik Ibrahim»*

21jähriger nahm er Abschied von der Schweiz und entschloss sich nach einigen Rückschlägen, seinen Dienst der African Association als Forschungsreisender anzubieten. 1809 schiffte er sich nach Malta ein, kleidete sich nach orientalischer Sitte und nannte sich «Scheik Ibrahim ibn Abdallah». Er erlag 1817 den Folgen einer Fischvergiftung.

# F

**Als einzige Fahne** respektive Staatsflagge auf der Welt ist die schweizerische nicht rechteckig sondern quadratisch.

**Die meisten Ferngespräche** der Welt führen die Schweizer. Ob's an den vielen Verwandten und Freunden in fremden Landen oder am grossen Fernweh der Eidgenossen liegt, lässt sich nicht sagen. Jedenfalls stehen sie mit durchschnittlich über 200 Millionen Auslandgesprächen im Jahr (nur Ausgang) im Verhältnis zur Bevölkerung weltweit an der Spitze, und auch in absoluten Zahlen schaffen sie noch, hinter den USA und Deutschland, den dritten Platz. Jeder Schweizer telefoniert im Jahr rund dreissig Mal ins (teils ferne) Ausland.

**Die grössten Fernseh-Muffel** Europas sind die Schweizerinnen und Schweizer. Nur 11,86 Stunden schauen sie durchschnittlich pro Woche fern. 16,47 Stunden ist der europäische Durchschnitt. An der Spitze stehen die Briten (20,74 Std.), gefolgt von den Franzosen (18,51 Std.) und den Holländern (17,08 Std.). Dies ergab 1991 eine Umfrage der Zeitschrift «Reader's Digest» in siebzehn europäischen Ländern.

**Die grösste Feuerschrift** der Welt haben wohl die Erizer Bürger, allen voran die Gebrüder Gyger, kreiert. Seit 1980 brennt immer am 1. August eine Fackelschrift «ERIZ» mit dem Schweizerkreuz an den Hängen des Hohgant (Kanton Bern). 220 Fackeln inklusive Pneumaterial bringen einige Erizer Bürger aus dem Tal hinauf. Damit errichten sie die 105 Meter hohe Riesenfeuerschrift, die mit dem Schweizerkreuz zusammen 300 Meter lang ist.

**Der einzige Filmproduzent,** der je mit fünf Oscars ausgezeichnet worden ist, heisst Arthur Cohn und stammt aus Basel. Die ausgezeichneten Filme: «Sky above, mud below» (Oscar 1964), «Die Gärten der Finzi Contini» (1973), «Black and White in Colour» (1978) «Dangerous Moves» (1985) und «American Dream» (1991). Zudem ist Arthur Cohn mit einem berühmten «Star of Fame» auf

*Riesenfeuerschrift am Hohgant, jeweils am 1. August*

dem Hollywood-Boulevard geehrt worden.

**Als beste Fluglinie** der Welt gilt die Swissair. Dies ist keine Eigenwerbung sondern das Resultat verschiedener internationaler Umfragen, nach denen die Swissair immer wieder obenauf schwingt. Seit 1980 ist die Swissair jedes Jahr mindestens ein Mal von einer internationalen Organisation (Air Transport World u.a.) oder einem Magazin (Industrie-Magazin, Euromoney Magazine u.a. ) zur «best Airline» oder «favourite Airline» gekürt worden, was sonst wohl keine internationale Fluglinie von sich sagen kann.

**Der grösste Föhrenwald** Europas, der «Bois de Finge» oder «Pfynwald», liegt im Rhonetal zwischen Siders und Leuk. Er umfasst ein Gebiet von 684 Hektaren. Seit 1963 ist Pfyn im «Schweizerischen Inventar der zu erhaltenden Landschaften und Naturdenkmaler von nationaler Bedeutung» (KLN) aufgeführt. Der Pfynwald hat denn auch ausser Föhren vieles andere zu bieten: Ausgedehnte Auenwälder, Weiher, Flachmoore und extrem trockene Stellen mit Steppenvegetation. In diesem «letzten Überbleibsel ursprünglicher Natur im Walliser Rhonetal» entdeckt der aufmerksame Naturfreund viele seltene Pflanzen (kleine Kronwicke, Schweizer Lotwurz, Zwergsegge u.a. ), Insekten, darunter an den Waldlichtungen tanzende Schmetterlinge, ca. dreissig Libellenarten, Gottesanbeterinnen usw., rund 133 Vogelarten ( Buntspecht, Kleiber, Mönchsgrasmücke etc.), dann aber auch Füchse, Biber, Wasserspitzmäuse, Hasen usw. Beim Besuch des

Pfynwaldes empfiehlt sich vorher die Lektüre des vom «Schweizerischen Bund für Naturschutz» (SBN) herausgegebenen Führers.

*«Pfynwald - Führer zum Naturlehrpfad». Zu beziehen über Sekretariat SBN, Postfach 73, 4020 Basel. Telefon 061/ 317 91 91.*

**Die meisten Fondue-Portionen** werden weltweit, zumindest in Relation zur Bevölkerungszahl, in der Schweiz gegessen. Über fünfzehn Millionen Portionen sind es jährlich. Das Wort Fondue stammt übrigens vom französischen «fondre», schmelzen. Als Gericht geht es vermutlich auf die Milchsuppe zurück, ein traditionelles Hirtenessen. (Man denke an die historische «Kappeler Milchsuppe» von 1529.) Den Ursprung hat das Fondue in den Berggebieten der französisch sprechenden Schweiz. Zum Nationalgericht avancierte es aber erst während und kurz nach dem Zweiten Weltkrieg, als die Eidgenossen sich auf Eigenständiges zurückbesannen. Heute gibt es Fondue-Rezepte für viele verschiedene Regionen. Für das klassische «Moitié-Moitié»-Fondue nimmt man halbe-halbe Greyerzer- und Vacherin-Käse.

**Der älteste Fussball-Klub** des Kontinents ist der am 19. April 1879 gegründete FC St. Gallen. Zwar wurde bereits sieben Jahre früher der «Le Havre Atlétique Club» gegründet, ebenfalls ein Fussball-Klub, aber gleichfalls ein Rugby-Klub und somit kein reiner Fussball-Verein.

# G

**Die grösste Gasturbine** der Welt, der Typ GT 13 E, verfügt über eine Maximalleistung von 155 Megawatt. Entwickelt und gebaut wurde sie von der Brown Boveri mit Hauptsitz in Baden (seit 1988 Asea Brown Boveri, ABB).

**Das höchste Getreidefeld** Europas liegt in Findeln bei Zermatt. Auf 2100 Meter über Meer begann 1976 der pensionierte Zürcher Alfred Laauser mit seiner Frau Klara, ein Stück Land zu bewirtschaften. Auf über 1'000 m2 wuchs das in Parzellen eingeteilte Feld an. Angepflanzt wurden nebst Roggen auch Weizen, verschiedene Gemüse und Kornblumen für die Mariä-Himmelfahrt Prozession der Zermatter am 15. August.

**Die grössten Gletschertöpfe** Mitteleuropas sind im Gletschergarten Luzern zu bestaunen. Der grösste ist über neun Meter tief und hat einen Durchmesser von acht Metern. Entdeckt wurden die sonderbaren Zeugen der Eiszeit 1872 beim Bau des geplanten Weinkellers von Joseph W. Amrein-Troller (1842-1881), der in der Folge den Gletschergarten ins Leben rief. Heute geht der Besucher unter einem schützenden Zeltdach an diesem sensationellen Naturdenkmal mit Gletschertöpfen, Findlingen und Gletscherschliffen vorbei und wird unversehens 20'000 Jahre zurückversetzt. Ebenfalls hier zu sehen: der in Mitteleuropa erstmalige Fund eines Dropstones (Eisdrift-Geschiebe). Nicht verpassen sollte man die Tonbildschau, in der man zwanzig Millionen Jahre Erdgeschichte miterlebt und realisiert,

*Gletschergarten. Foto: Urs Bütler*

dass Luzern einmal von einer fünf-
hundert Meter dicken Eisschicht be-
deckt war. Und schliesslich sorgt das
ebenfalls superlative antike Spiegellabyrinth aus dem fin de siècle für
Abwechslung.

*Gletschergarten Luzern mit Muse-
um, Parkanlagen, Spiegellabyrinth.
Denkmalstr. 4. Geöffnet: 1. März -30.
April 9-17 Uhr, 1. Mai - 15. Okt. 8-
18 Uhr, 16. Okt. - 15. Nov. 9-17 Uhr,
16. Nov. - 28. Febr. 10.30-16.30 Uhr.*

*Graffiti von Harald Naegeli*

**Der höchste Golfplatz** Europas mit acht-
zehn Loch liegt bei Samedan im En-
gadin. Er liegt auf 1720 Meter über
Meer, etwas unterhalb des Dorfes.
Der Name des 1893 gegründeten, 54
Hektaren grossen Golfplatzes: «En-
gadin Golf Samedan».

**Als bedeutendster Graffiti-Künstler** Europas gilt Harald Naegeli. Für die
Freunde klinischer Sauberkeit jedoch ist er in seiner Aktivzeit ein reiner Schmutzfink und Gesetzesbre-
cher gewesen. Was ihn dazumal in
den Untergrund zwang. Doch der
«Sprayer von Zürich» wurde mit seinen Wandbildern aus der Sprühdo-
se weit über die Landesgrenze be-

kannt. Dank der damaligen Unterstützung von Joseph Beuys und anderer namhafter Künstler ist er inzwischen salonfähig geworden.
Naegeli lebt seit langem nicht mehr
in der Schweiz – wo doch heute auch
die Stadt Zürich von Amts wegen
Graffiti-Aktionisten engagiert, zur
Belebung des vielen Graus.

**Die grösste Guggenmusik** der Welt sorg-
te 1993 in Madiswil (Kanton Bern)
für Stimmung und einen Eintrag ins
«Guinness Buch der Rekorde». Insgesamt 1184 kostümierte Tätscher
und Brätscher, Chlepfer und Wür-
ger, Schränzer und Bläser verhalfen
der Schweiz zu diesem Superlativ.

**Der erfolgreichste Harfenspieler** der Welt ist der 1953 geborene Andreas Vollenweider aus Stäfa. Schon früh vertonte der Sohn des 1993 verstorbenen Grossmünster-Organisten Hans Vollenwelder mit dem Trio Poesie & Musik Verse von Heinrich Heine. Vollenweider wechselte zwischen Cembalo, Flüte, Geige und – Harfe. Mit diesem Instrument schaffte er in den achtziger Jahren den ganz grossen Durchbruch und landete weltweite Hits; 1987 erhielt er als erster den «Grammy Award für New-Age-Musik». Sphärische Klänge und perlende Melodien sind denn auch seine Spezialitäten.

**Die meisten Handschriften-Bände** aus karolingischer und ottonischer Zeit sind in der Stiftsbibliothek St.Gallen untergebracht. 2000 Handschriften-Bände sind es insgesamt, darunter das «Evangelium Longum» mit El-

*Prächtiger Rokoko-Raum: Stiftsbibliothek St.Gallen, Foto: Verkehrsbüro St.Gallen*

fenbeintafeln von Tuotilo (um 900). Dazu kommen 1700 Früh- und Wiegendrucke (vor 1500 hergestellte Druckerzeugnisse). Die Handschriften-Bände werden in Wechselausstellungen gezeigt. Die Stiftsbibliothek ist Teil des Stiftsbezirks St.Gallen, der wegen seiner einzigartigen architektonischen Verkörperung 1200jähriger Geschichte von der Unesco ins Verzeichnis der Weltkulturgüter aufgenommen worden ist.

*Kathedrale geöffnet: 9-18, Sa bis 15.45 Uhr, Mi 11-12 Uhr nicht zugänglich, ebenfalls nicht während Messen. Stiftsbibliothek geöffnet: 9-12, 13.30-17 Uhr.*

**Die erste Haselnuss-Schokolade** der Welt stellte Charles Amédée Kohler (1790-1874) her. Zusammen mit

*Charles-Amédée Kohler*

François-Louis Cailler (1796-1852), Philippe Suchard (1797-1884), der bereits 1826 mit einem einzigen Arbeiter täglich 25 bis 30 Kilo Schokolade herstellte, Jacques Klaus (1825-1909), Rodolphe Lindt (1855-1909), der die erste Schmelz- oder Fondantschokolade auf den Markt brachte oder Jean Tobler (1830-1905) gehört auch Monsieur Kohler zu den grossen Pionieren, die der Schweiz zu ihrem «Schokolade-Land»-Cliché verhalfen. Kohler war ursprünglich Kolonialwaren-Grosshändler und verlegte sich erst später auf die Fabrikation. Bei einem seiner Versuche zur Verbesserung der gängigen Schokolade-Sorten gelang ihm seine segensreiche Erfindung der Haselnuss-Schokolade.

**Die meisten Hautkrebserkrankungen** Europas werden in der Schweiz und in Norwegen konstatiert. Vor fünfzig Jahren riskierte eines von 1500 Kindern, in seinem Leben einmal an einem bösartigen Melanom, dem «schwarzen» Hautkrebs, zu erkranken. Heute ist es bereits eines von hundert. Bei 800 bis 900 Menschen muss man jedes Jahr ein malignes Melanom, also den gefährlichen Hautkrebs feststellen. Und alle Hautkrebserkrankungen mitgerechnet, nehmen sie jährlich um circa sieben Prozent zu!

.

**Die letzte Hexe** Europas wurde in der Schweiz hingerichtet. Genauer: Am 18. Juni 1782, also bereits im Zeitalter der Aufklärung, enthauptete man Anna Göldin auf dem Galgenhügel in Glarus. Die Dienstmagd Anna Göldin war für schuldig befunden worden, die Tochter ihres Dienstherrn, des Arztes und Fünferrichters Tschudi "verderbt" und ihr mit dem Essen Nagelsamen eingegeben zu haben. 106 Stecknadeln, Nägel und kleine Eisendrähte solle das Kind über Wochen erbrochen haben.

*\* Eveline Haslers Roman "Anna Göldin – Letzte Hexe" verfolgt die Geschichte der Anna Göldin.*

**Das grösste noch erhaltene Hochrad** der Welt (Durchmesser 1,8 Meter) ist im «Schweizerischen Sportmuseum» in Basel ausgestellt. In diesem Museum kann nicht bloss der Sportinteressierte einiges zu den Themen Turnen, Wintersport, Ballspiele und Radsport erfahren.

*\* Schweizerisches Sportmuseum, Missionsstr. 28, Basel. Geöffnet: Mo bis Fr 10-17 Uhr, Sa 14-17 Uhr, So 10-12, 14-17 Uhr.*

**Die erste Hohlsaum-Nähmaschine** der Welt baute Fritz Gegauf, der Gründer der «Bernina»-Nähmaschinenfabrik in Steckborn 1893. Sie ist zu sehen im Nähmaschinen-Museum dieser Firma. Ausgestellt ist hier auch die erste portable Nähmaschine der Welt, die alles in sich vereinigt, was damals – 1945 – technisch möglich war. Sechzig weitere Modelle aus fünf Nationen sind zu sehen.

*\* Bernina-Nähmaschinen-Museum, Steckborn (Kanton Thurgau). Geöffnet während der Geschäftszeit. Führungen nach Vereinbarung. Telefon 054/6211 11*

**Die längste Holzbogenbrücke** Europas steht bei Hasle-Rüegsau (Wintersey) im Emmental. 68,7 Meter ist sie lang, die Spannweite beträgt 58 Meter. Seit 1958 leistet sie dem Verkehr von Dorf zu Dorf beste Dienste.

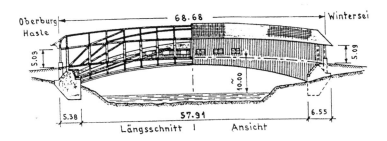

*Die Luzerner Kapell-Brücke vor dem Brand von 1993. Foto: SVZ*

**Die älteste Holzbrücke** Europas und zugleich die längste gedeckte der Welt zählt zu den bekanntesten Bauwerken der Schweiz und ist touristisches Wahrzeichen der Stadt Luzern: die Kapellbrücke. 1333 gilt als Baujahr: nach einem gewaltigen Ungewitter über dem Pilatus wurden riesige Mengen Holz zu Tale geschwemmt, das man in der Folge zum Bau der Brücke verwendet habe. Eine erste schriftliche Erwähnung findet die Brücke aber erst 1367. Seither ist sie durch die Jahrhunderte immer wieder gepflegt und erneuert worden. Gross war der Schock dann, als am 18. August 1993 ein Grossteil der Brücke nach einem Brand In Schutt und Asche versank.

Nur acht Monate später, am 14. April 1994, konnte die (Wieder-) Eröffnung der weltberühmten Kapellbrücke festlich gefeiert werden, sehr zur Freude der unzähligen Touristen und Luzerner.

**Die höchste gedeckte Holzbrücke** Europas, die «Hohe Brücke», führt über den Fluss Melchaa, der später in den Sarnersee mündet. Die 1893 erstmals und 1943 dann neu gebaute Brücke ist ebenso lang wie hoch: 100 Meter liegt sie über der Melchaa, zwischen Kerns und Sachseln (Kanton Obwalden) . Die Schattenseite dieses Rekords: Immer wieder haben sich Menschen von der «Hohen Brücke» in den Tod gestürzt.

**Die kleinste Holzräder-Wanduhr** der Welt, die «Kuhschwanz-Augenwender-Wanduhr», hat der Uhrmacher-Rhabilleur Paul Gerber aus Zürich gefertigt. Räder, Wellen und Gehäuse dieser Uhr sind vollständig aus Holz gemacht, das Zifferblatt ist handgemalt, verwendet wurden 245 Einzelteile. Die Werkhöhe beträgt 26 Millimeter; 18'000 Pendelschwingungen kann man in einer Stunde zählen. Miniaturuhren waren übrigens schon vor 300 Jahren begehrte Sammelstücke.

**Die einzigen Hornussen-Wettkämpfe** der Welt, die regelmässig durchgeführt werden und die weltweit meisten Hornusser (Spieler) gibt es in der Schweiz. Hornussen, möglicher-

*Hohe Brücke. 100 Meter über der Melchaa*

weise aus uralten Kriegsspielen hervorgegangen oder Überbleibsel heidnisch-religiöser Rituale, hat sich längst vom ländlichen Spiel zum eid-

genössischen Nationalsport par excellence entwickelt. Hornussen ist ein Mannschaftssport, den Jung und Alt, Anfänger und Profis, Leute vom Land wie Städter spielen. Bereits 1902 wurde der Eidgenössische Hornusserverband gegründet, der heute rund 6000 Mitglieder zählt. Im Zentrum des Spiels steht der «Hornuss», ein Flugobjekt, das 78 Gramm schwer, 31 Millimeter dick, rund (Durchmesser 62 mm) und schwarz ist. Mit dem «Stecken» (Schlaggerät) wird es, sehr vereinfacht gesagt, vom Böckli geschlagen und muss von der gegnerischen Mannschaft mit «Schindeln» (Abfangbrett) gestoppt werden (Abtun), bevor es ins «Ries» (Spielfeld) fällt. Hornussen-Hochsaison ist im August und September.
* *Informationen über Orte, Spieldaten, Mitgliedschaft u.a.: Pressezentrum des Eidgenössischen Hornusserverbandes, Telefon 063/61 25 45.*

*Arosa Humor-Festival auf 1991 m.ü.M.*

**Das weltweit einzige Humorfestival** an einem Wintersportort findet seit 1992 in Arosa zum Auftakt der Wintersaison statt. Dies nach dem sympathischen Slogan «Wo man lacht, da fühlt man sich wohl». Beim "Arosa Humor-Festival" wird nachmittags ins Zirkuszelt neben der Skipiste vor der Tschuggenhütte geladen, abends dann in den Kursaal. Dort sorgen Leute wie Gardi Hutter, das Duo Fischbach, Götterspass, Die Hektiker usw. dafür, dass nicht nur die Bein- sondern auch die Lachmuskeln trainiert werden respektive geübt bleiben.

* *Arosa Humor-Festival. Jeweils um den 10. Dezember. Ab Oktober nähere Informationen über Kurverein Arosa, Telefon 081/31 16 21.*

# I

**Die bedeutendste Ikonen-Sammlung** Mitteleuropas befindet sich in der Villa von Agnes und Siegfried Amberg in Kölliken (Kanton Aargau). Über zweihundert griechische, kretische und russische Ikonen sind dort zu bewundern. Ikonen sind Kultbilder der Ostkirche mit der Darstellung Christi, Mariä, Heiliger oder heiliger Ereignisse.

*\* Ikonenmuseum. Haus Klostermatt, Kölliken – Besuch nur möglich in Gruppen ab 30 Personen, auf Voranmeldung. Telefon 064/43 12 08 oder 064 /43 26 88.*

**Die bedeutendste Iris-Sammlung** Europas ist im Botanischen Garten in Brüglingen bei Münchenstein (Kanton Baselland) zu bestaunen. Zwar gibt es in New York eine noch grössere Kollektion, doch die Sammlung von Brüglingen gilt unter Fachleuten als die wichtigste, weil unter den ca. 1500 Arten und Sorten auch sehr viele hundertjährige und noch ältere dabei sind.

*\* Iris-Sammlung, Botanischer Garten in Brüglingen. Münchenstein bei Basel (Tramlinie 14, Station St. Jakob).*

*Geöffnet: Täglich, bis zur Eindämmerung. Schönste Zeit mit blühenden Iris: Monat Mai. (Mehr Information unter Tel. 061/311 87 80).*

**Die erste Juristin** Europas hiess Dr. Emily Kempin-Spyri. Die Pfarrersfrau aus Zürich-Enge, Nichte der Heidi-Schöpferin Johanna Spyri, lebte von 1853 bis 1901. Mit «magna cum laude» schloss sie ihre Doktorarbeit ab. Doch als Frau konnte sie mit dem erfolgversprechenden Beruf nichts anfangen. Man legte ihr Hürden und Hindernisse in den Weg. Deshalb siedelte sie mit ihrem Mann und den drei Kindern nach New York, wo sie die erste Rechtsschule für Frauen überhaupt ins Leben rief, die «Emily Kempin Law School for Women». Später musste sie in die Schweiz zurückkehren, wo sie, nach zweieinhalbjähriger Internierung in der Basler «Irrenanstalt Friedmatt», von der Welt vergessen, an Krebs starb.

*\* «Die Wachsflügelfrau» von Eveline Hasler zeigt in Romanform das Leben der Emily Kempin-Spiry.*

# K

**Das einzige Karikaturen-Museum** der Welt, das seine Existenz einem Mäzen verdankt, ist die «Sammlung Karikaturen & Cartoons» in Basel. Dieter Burckardt (1914-1991) bezahlte zu seinen Lebzeiten alle anfallenden Kosten und hinterliess ein Legat, das die Weiterexistenz sichert. Umso erfreulicher, ist dieses kleine Museum

Otto Soglow, «Gallery Star»

doch ein Ort der Heiterkeit und des Schmunzelns.

* *«Sammlung Karikaturen & Cartoons», Basel. Göffnet: Mi 16-18 Uhr, Sa 15-17.30 Uhr, So 10-16 Uhr. Bibliothek Mi und Sa geöffnet. Führungen auf Wunsch und Voranmeldung über Telefon 061/271 13 36.*

**Die meisten Kartelle** der Welt findet man in der Schweiz. Als Kartell be-

zeichnet man Absprachen unter Marktteilnehmern mit dem Ziel, den Wettbewerb einzuschränken. Unterschieden wird je nach Art der Einschränkung zwischen Preis-, Konditionen- und Mengen-Kartell. Rund 800 Kartelle und Absprachen gibt es in der Schweiz. "Auf vielen Märkten ist der Wettbewerb stark eingeschränkt, z.B. bei den Treibstoffen und den Arzneimitteln. Über die wirtschaftlichen Auswirkungen sind die Meinungen geteilt. Kritiker meinen, Kartelle behinderten die

Erster Beleg für eine Kartoffelpflanze

*Sankt-Peters-Kirche in Zürich, Stich nach Bluntschli, 1742*

Erneuerungs- und Entwicklungsfreudigkeit sowie den Neuaufbau von Unternehmungen im kartellierten Wirtschaftszweig… Befürworter weisen auf den 'ruinösen' Preiszerfall hin, den ein Kartellverbot zur Folge hätte." (Aus: «Schweizer Lexikon», Bd. 3)

**Den ersten Beleg einer Kartoffelpflanze** hinterliess der Schweizer Kaspar Bauhin (1560-1624). Er war der erste Botaniker, der das in Europa neu eingeführte Nachtschattengewächs genau beschrieben hat und ihm in seinem Werk «Phytopinax» (1596) den lateinischen Namen gab: Solanum tuberosum. Der Artname «tuberosus» bedeutet soviel wie voller Buckel, knollig. Dazu schrieb er: "Die Italiener essen sie gerne und nennen die Knollen 'tartuffoli', auch pflegen die Leute im Burgund die Wurzelknolle entweder in Asche zu braten oder gekocht zu essen."

**Das grösste Kirchenzifferblatt** Europas hat die Sankt-Peters-Kirche in Zürich. 8,7 Meter beträgt sein Durchmesser. Die Stadtkirche des alten Zürich geht auf das 9. Jahrhundert zurück und ist einige Male erneuert worden. So kam der Turm über dem romanischen Chor im 13. Jahrhundert dazu, der spätgotische oberste Teil erhielt 1538 die von Hans Luterer gebaute Uhr mit dem superlativen Zifferblatt. 1786 bis 1799 wirkte der philosophische Schriftsteller und Pfarrer Johann Caspar Lavater in der St.-Peters-Kirche.

**Die grösste Kirchner-Sammlung** besitzt die «E.L. Kirchner-Stiftung Davos».

*E.L. Kirchner, «Balkonszene». Oel auf Leinwand 1935*

Der Maler Ernst Ludwig Kirchner (1880-1938) war aus Gesundheitsgründen nach Davos gekommen, das er später zu seiner Wahlheimat erkor. In Deutschland galt er 1937 als «entarteter Künstler», in der Schweiz schätzte man sein Werk. Dank der «Familienstiftung Benvenuta» in Vaduz gibt es in Davos das «Kirchner Museum» und diese insgesamt über tausend Werke umfassende Sammlung. In einzelnen Ausstellungen wird der künstlerische Schatz auch der Öffentlichkeit zugänglich gemacht.

*\* Kirchner Museum Davos. Davos-Platz. Täglich 14-18 geöffnet, ausser montags.*

**Die umfangreichste Paul Klee-Sammlung** der Welt ist im Kunstmuseum Bern zu sehen. Auf mehrere Räume verteilt umfasst sie Gemälde, Zeichnungen, Skizzenbücher, Skulpturen, Hinterglasbilder, graphische Blätter und anderes mehr. 1947, sieben Jahre nach dem Tode des Malers Paul Klee, wurde die nach dem Künstler benannte Stiftung gegründet und 1952 vom Kunstmuseum Bern übernommen. Seither ist Bern zum Zentrum der Erforschung und Bearbeitung des Klee-Nachlasses geworden. Und zum öffentlichen Schaufenster für Interessierte dieses bedeutenden Schweizer Künstlers, der 1879 in Münchenbuchsee bei Bern zur Welt kam und 1940 in Muralto bei Locarno starb.

*\* Paul Klee im Kunstmuseum Bern. Geöffnet: Di 10-21 Uhr, Mi bis So 10-17 Uhr, montags geschlossen. Über das Museum können Bücher zum Werk des Malers bestellt werden.*

**Die einzige noch intakte karolingische Klosteranlage** der Welt, das Benediktinerinnenkloster St. Johann Baptist, ist in Müstair (Kanton Graubünden) nahe der italienischen Grenze zu bewundern. Das zu den Weltkulturgütern der Unesco gehörende Kloster beherbergt zudem die besterhaltenen und umfangreichsten karolingischen Malereien der Welt. Der Überlieferung nach wurde das Kloster um 780/90 von Karl dem Grossen als Männerkonvent gegründet. Seit dem 12. Jahrhundert ist es ein Frauenkloster. Seinen

*Benediktinerinnenkloster St. Johann Baptist*

kunst- und kulturhistorischen Weltruhm erhält das Kloster zum einen wegen der intakten baulichen Substanz aus dem Hochmittelalter, dazu ist es eine der wenigen noch erhaltenen typischen karolingischen Kirchen Europas, und schliesslich sind auch die Wandbildzyklen aus dem Früh- und Hochmittelalter einzigartig.

*\* Die Kirche der Klosteranlage ist tagsüber geöffnet. Das Museum jeweils zwischen 9 und 11 und 14 bis 17 Uhr. Führungen: Juli bis anfangs Oktober, jeweils Mittwoch um 9 Uhr, anfangs Juli bis anfangs August jeweils Freitag um 10 Uhr. Informationen über Telefon 082/85 727 (9.30-11, 16.30-18 Uhr).*

*Büste eines Kindes, 1933. Wasserfarben gewachst, Nesseltuch auf Sperrholz, 50,8 x 50,8 cm. Kunstmuseum Bern*

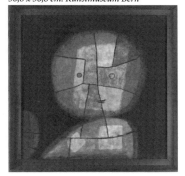

**Das Kollegialitätssystem** bleibt im globalen Vergleich eine schweizerische Exklusivität. Das Kollegialitäts- (oder Kollegial-) System betrifft das Geschäftsverfahren der ausführenden Behörden. Danach werden Regierungsgeschäfte gemeinsam beraten, Beschlüsse nach dem Mehrheitsprinzip getroffen und auch gemeinsam verantwortet, im Gegensatz etwa zum Präsidialsystem der USA. "Es erzwingt den Konsens im Regierungskollegium als Modell eines möglichen gesellschaftlich-politischen Konsens, wodurch sich die politische Auseinandersetzung vor extremen Ausschlägen entlasten lässt. Und es kompensiert den Mangel an der institutionalisierten Führungsfunktion eines einzelnen (Ministerpräsident, Staatspräsident) durch die Verpflichtung des Kollektivs auf eine einheitliche Marschrichtung." (Aus: «Weltwoche», Nr. 20, 14/5/87)

**Die erste Kondensmilchfabrik** Europas wurde 1866 in Cham (Kanton Zug) vom Unternehmen «Anglo-Swiss

Condensed Milk Company» eröffnet. Bald entstand zwischen den Firmen Anglo-Swiss und der Nestlé ein erbitterter Konkurrenzkampf. Doch im Jahre 1905 kam es zur Fusion der «Anglo-Swiss Condensed Milk Co.» mit der «Farine Lactée Henri Nestlé», aus der die Nestlé-Gruppe im eigentlichen Sinn hervorging.

**Das erste Kondom für Frauen** nennt sich «Femidom» und kam 1992 als Weltpremiere zuerst in der Schweiz in den Handel. Das Femidom ist das erste Präservativ für Frauen, es hilft somit Schwangerschaften zu verhüten und ist gleichzeitig Schutzmittel gegen Aids. Es misst in der Länge 18 und in der Breite 8 Zentimeter, im Gegensatz zum männlichen Kondom ist das Femidom nicht aus Latex sondern aus Polyurethan fabriziert und somit widerstandsfähiger. * Das Femidom ist in Apotheken, Drogerien und «Condomerias» (Basel, Bern, Zürich) erhältlich.

**Der bedeutendste Kongressgebäude** der Welt ist mit seinen über 3000 beschäftigten Beamten aus aller Welt und den jährlich rund 5000 Versammlungen der Genfer UNO-Palast. Die Organisation der Vereinten Nationen (UNO), die gemäss ihrer Charta "künftige Geschlechter von der Geissel des Krieges bewahren" möchte, hat ihren Hauptsitz zwar in

*KRD der Floralp mit Filmstar-Klassikern. Verpackung: Lawson Mardon Neher AG, Kreuzlingen*

New York. Doch nicht dort, sondern in Genf, finden die meisten internationalen Konferenzen statt.

**Die meisten KRD-Sammler** der Welt sind Schweizer. Das Kürzel KRD meint Kaffeerahmdeckeli, und die haben in der Schweiz eine grosse und ständig wachsende Fangemeinde, wie sonst nirgendwo. Weit über hunderttausend Gelegenheits- und Intensiv-Sammler, so schätzt man, sind vom KRD-Fieber befallen und warten jeweils ungeduldig auf neue Sujet-Serien, von denen bereits mehrere tausend existieren. Längst gibt es auch KRD-Alben, -Treffpunkte, -Vertriebe, -Läden usw. Das teuerste KRD kostet mehrere tausend Franken.
* *Kade-Magazin: Magazin für KRD-Sammler. Am Kiosk erhältlich. Abo über Telefon 031/711 35 11. Kade-*

*Shop: Grösster KRD-Laden der Welt, Im Seepark, 8852 Altendorf. Deckeli-Telefon mit Neuheiten, Infos, Tips. Telefon 156 60 26 (1.40 Fr./Min).*

**Die tiefste Kriminalität** in Europa hat, laut Bundesrat Koller, die Schweiz. Dazu sei die Eidgenossenschaft überhaupt eines der sichersten Länder der Welt. Die Statistiken einzelner Länder sind allerdings schwer vergleichbar, da die jeweiligen Gesetze verschieden sind. Zudem stellt sich die Frage, wie häufig und zuverlässig Straftaten registriert werden. Bei einem Vergleich der Zahl der angezeigten Gewaltstraftaten pro hunderttausend Einwohner zwischen fünfzehn europäischen Ländern nimmt die Schweiz die fünftletzte Stelle ein, dies laut einer Erhebung von «Interpol» (1988).

*Detail aus der romanischen Bilderdecke aus dem 12. Jahrhundert. Foto:SVZ*

**Als bedeutendstes romanisches Kunstdenkmal** überhaupt zählen die 153 bemalten Einzelfelder mit neutestamentarischen Bildmotiven in der reformierten Kirche St. Martin in Zillis (Kanton Graubünden). In ihrer naiv-eindrücklichen Art erinnern die Tempera-Malereien auf den gipsgrundierten Holztafeln an Buchmalerei aus Bayern oder Oberitalien. "Der innere Zyklus ist mit Standort im Chor von Osten nach Westen, zeilenmässig von Süden nach Norden zu lesen. Er zeigt, beginnend mit den Königen des Alten Testaments, das Leben Christi, das bei der Dornenkrönung abbricht." (Kulturführer Schweiz) Das Kunstdenkmal ist zudem die älteste erhaltene und vollständig bemalte Holzdecke des Abendlandes.

*\* Zillis: San Bernardino-Pass, zwischen Thusis und Splügen. Die Kirche St. Martin ist tagsüber ab 8 Uhr geöffnet.*

**Die bedeutendste Kunstmesse** Europas ist die seit 1970 in Basel stattfindende «Art». Bedeutend meint hier vor allem, dass auf keiner anderen europäischen Kunstmesse die transatlantische Kunstpartnerschaft so vital gepflegt wird wie eben an der «Art». Mehrere hundert Galerien aus über zwanzig Ländern sind insgesamt vertreten. Für viele Besucher und Galeristen ist es gar die schönste Kunstmesse der Welt.

**Die älteste öffentliche Kunstsammlung**
der Welt, die nicht von einem Fürsten sondern von einer Gemeinde geschaffen worden ist, geht auf den Basler Gelehrten und Sammler Basilius Amerbach (1533-1591) zurück. Er hatte den von seinem Vater Bonifacius Amerbach übernommenen Kunstbesitz zu einer umfangreichen Sammlung ausgebaut und wurde dadurch zum Schöpfer des «Amerbach Kabinetts» das Goldschmiedearbeiten, Münzen, Bücher, Nachlass, Objekte von naturwissenschaftlichem Interesse und vor allem Zeichnungen und Gemälde von höchstem künstlerischem Wert umfasst. Diese im Jahre 1661 von der Stadt Basel erworbene Sammlung bildete den Grundstein für die erste bürgerliche und somit offen zugängliche Kunstsammlung der Welt und insbesondere natürlich für das Kunstmuseum Basel.

\* *Kunstmuseum Basel: Weltweit grösste Sammlung von Werken von Konrad Witz, Hans Holbein d.J. und der oberrheinisch-schweizerischen Malerei des 15. und 16. Jahrhunderts. Zudem weltweit grösste Sammlung von Werken von Arnold Böcklin; bedeutendste europäische Kubistensammlung. St. Alban-Graben 15, Basel. Geöffnet: Di-So 10-17 Uhr.*

*Aus dem «Amerbach-Kabinett»: Hans Holbein d.J. "Adelige Baslerin", um 1523*

**Der erste Kurort** Europas, der seinen Namen schützen liess, war St. Moritz. 1930 begann es mit der blaugelb strahlenden Sonne, 1937 kam der

TOP OF THE WORLD

«St. Moritz» -Schriftzug dazu, und schliesslich wurden Ortschaftsname (1986) und Signet (1987) patentiert.

**Das bedeutendste Leichtathletik-Meeting**
der Welt hat den klingenden Namen
«Weltklasse in Zürich» und findet
jedes Jahr im August auf dem
Zürcher Letzigrund statt. Internationale Meetings haben in Zürich
eine Tradition, die in die dreissiger
Jahre zurückreicht. Dank Res
Brügger, der die Sportveranstaltung
seit 1973 leitet, führte dann der Weg
schnell zur absoluten Spitze. Alle
Grand Prix-Meetings werden vom

*Der kühne Hammetschwand-Lift über der Standseilbahn Kehrsiten Bürgenstock*

Internationalen Leichtathletik-Verband bepunktet. Dies nach verschiedenen Kriterien wie Leistungsdichte, Stadion, Organisation, Betreuung usw. Das Meeting «Weltklasse in Zürich» erreicht mit schöner Regelmässigkeit die höchste Punktzahl.

**Der höchste freistehende Lift** der Welt ist mit seinen 160 Metern der Hammetschwand-Lift im Kanton Nidwalden. 1904 wurde der vom Hotelpionier Franz-Joseph Bucher-Durrer (Bürgenstock-Hotels)initiierte kranähnliche Turmlift eröffnet. Im Felsinnern des Bürgenstocks besteigt man die Kabinen und saust in einer Minute auf die höchste Spitze des Berges, aufs «Hammetschwand-Känzeli».

*\* Von den Hotels und Ausflugs-Restaurants führt ein Felsweg zum Lift.*

**Die längste Luftseilbahn** der Welt führt von Laax (Kanton Graubünden) zum Crap Sogn Gion. Die 125 Personen fassende Grosskabine rollt über die Distanz von 4167 Metern am hohen Seil, hoch über Maiensässen und Alpenweiden. Tritt man auf dem Crap Sogn Gion ins Freie, hat man 1133,5 Höhenmeter überwunden. Mit einer zweiten Kabine lässt sich die Fahrt zum (Crap Masegn fortsetzen, während der man eine prächtige Aussicht auf die Berge rund um die Surselva geniesst. Die dritte und letzte Etappe führt per Gondelbahn zum Rande des Vorabgletschers.

**Als vielseitigster Mathematiker** aller Zeiten gilt für viele Fachleute der Basler Mathematiker Leonhard Euler (1707-1783). 1727 wurde er in St. Petersburg Professor, 1741 folgte er einem Ruf Friedrichs des Grossen an die Akademie der Wissenschaften in Berlin, 1766 kehrte er nach St. Petersburg zurück. Dass er der Grösste ist, lässt sich nicht beweisen. Sicher ist aber, dass er auf allen Gebieten der Mathematik, Physik und Astronomie Hervorragendes geleistet hat. Er war beispielsweise der erste, der anstelle der bis dahin üblichen schwerfälligen geometrisch-synthetischen Methode die weit allgemeinere analytische setzte und mit ihrer Hilfe insbesondere mechanische Probleme löste. Er ist auch der Schöpfer der Variationslehre und von vielem mehr.

**Die höchsten Medikamentenpreise** Europas hat die Schweiz. Anders gesagt: für Pillen und Pastillen bezahlen Schweizerinnen und Schweizer in Europa am meisten. Zu diesem Schluss kamen verschiedene Studien, darunter solche europäischer Konsumentenverbände. Gemäss dem Schweizer Preisüberwacher liegt beim direkten Preisvergleich mit Deutschland, Dänemark und Holland, Länder mit ebenfalls hohen Medikamentenpreisen, der Schweizer Preis bei jedem dritten Medikament 50 Prozent oder mehr über einem der drei Vergleichsländer. Und dies bei über 400 untersuchten Produkten.

**Das berühmteste Messer der Welt** wird in Europas grösster Messerschmiede, der Firma Victorinox in Ibach, Kanton Schwyz, hergestellt. Pro Arbeitstag werden hier über 110'000 Messer verschiedenster Modelle produziert, darunter das weltbekannte «Offiziersmesser». Das «Swiss Army Knife», wie der superlative Artikel ebenfalls heisst, kennt sowohl den Dschungel wie das Weltall, und er ist nicht nur in unzähligen Haushalten zu finden sondern auch in der Designsammlung des New Yorker Museum of Art. In den USA gibt es gar einen Fan-Club mit 3700 Mitgliedern aus über zwanzig Nationen.

*Der Original MiniChamp von Victorinox mit 12 Funktionen. Länge: 58 Millimeter.*

1894 wurden die ersten «Soldatenmesser» gefertigt. 1897 liess der Messerschmied Karl Elsener sein «Offiziersmesser» patentieren. Nebst Klinge, Dosenöffner, Bohrahle und Schraubenzieher wies das neue Modell zusätzlich eine kleine Klinge und einen Korkenzieher auf. Bald ergänzten Holzsäge, Schere, Flaschenöffner usw. weitere Modelle. Heute wird der Vorzeigeartikel in hundert verschiedenen Varianten hergestellt. Rund 17'000 Offiziersmesser sind es täglich oder über sechs Millionen im Jahr. Der Name übrigens setzt sich zusammen aus "Victoria" (der Name von Elseners Mutter) und «Inox», der internationalen Bezeichnung für rostfreien Stahl.

**Die kürzeste städtische Metro-Linie** der Welt ist die «City Gare» in Lausanne.

Sie ist vier Kilometer lang, hat fünf Stationen und führt von Ouchy über den Bahnhof ins Zentrum.

**Die erste Milchschokolade** kam in der Schweiz auf den Markt. Daniel Peter (1836-1919) ist der Vater dieser Süssigkeit. Auf Umwegen kam der Metzgerssohn Peter zur Schokolade. Als gelernter Kaufmann betrieb er zunächst mit seinem Bruder Julien in Vevey eine Kerzenfabrik. Dann lernte er die Tochter Francois-Louis Caillers kennen und kam so auf doppelt süsse Gedanken. Die Nachbarschaft seines Freundes Henri Nestlé, der Milch und Mehl mischte, brachte ihn darauf, dasselbe mit Schokolade zu versuchen. Nach Jahren der Versuche gelang ihm der Durchbruch: 1875 begann die industrielle Herstellung der Milchschokolade.

**Die erste und einzige Monduhr**, jene Uhr, die am 21. Juli 1969 exakt 2 Uhr 56 westeuropäische Zeit anzeigte, als Neil Armstrong als erster Mensch seinen Fuss auf dem Mond setzte, hat den Namen «Omega Speedmaster Professional». Der im Volksmund «Monduhr» genannte Chronometer stammt also aus dem Hause Omega in Biel.

*\* Im «Omega Museum» in Biel sind nebst der «Monduhr» viele weitere, teils superlative Uhren, Uhrwerke, Penduletten u.a. ausgestellt. Voranmeldung. Telefon 032/42 92 11.*

**Das längste Mountainbike-Rennen** der Welt, der «Grand Raid Cristalp», führt über 131 Kilometer und durch sechs Täler, mit insegsamt 4600 Meter Höhenunterschied. Gestartet wird in Verbier, danach geht's nach La Tzoumaz, Nendaz, Veysonnaz, Thyon-Les-Collons, Hérémence, Evolène, Saint-Martin bis zum Ziel in Grimentz. Inbegriffen sind schöne Panoramen – sofern man Zeit und Schnauf hat, die Aussicht zu geniessen.

*\* Mountainbike-Fans können sich melden bei: Comitee of organisation, Box 56, 3961Grimentz. Telefon 027/ 65 50 20, Fax 027/ 65 41 55. (Die Rennen finden jeweils im August statt.)*

**Die einzigen unterirdischen Mühlen** Europas kann man nahe von Le Locle sehen: das unterirdische Müllerei-Museum von Col-des-Roches. Die Geschichte reicht ins 16. Jahrhundert zurück. Damals kam man auf die Idee, die durch den Col-des-Roches fliessenden Wasser des Bied, die sich schliesslich weiter unten über einen 2,5 Kilometer langen, natürlichen, unterirdischen Weg in den Doubs ergiessen, für den Antrieb einer Mühle zu nutzen. Dank Jonas Sandoz entstanden hundert Jahre später eine Ölmühle, ein Schlagwerk, zwei Mühlen und ein Sägewerk im Berginnern. Ende des letzten Jahrhunderts stellte man die Arbeiten ein, die Gänge wurden verschüttet. 1974 begannen Idealisten, in unzähligen Arbeitsstunden alles wieder freizulegen, um die historische Stätte zu retten und die Mühlen des Col-des-Roches mindestens teilweise wiederherzustellen. Mit Erfolg, wie das einzigartige Müllerei-Museum dem Besucher zeigt.

*\* Müllerei-Museum (Moulins Souterrains), Le Locle. Führungen, Gruppen auf Anmeldung, verschiedene Öffnungszeiten. Auskunft über Telefon 039/31 62 62.*

**Das höchstgelegene Museum** Europas liegt 2100 Meter über Meer auf dem Gotthard-Hospiz in der «Alten Sust» und hat den entsprechenden Namen: Nationales St. Gotthard-Museum. Mit Fotos, Originaldokumen-

ten, Nachbildungen, Mineralien, Gegenständen usw. wird hier die bewegte Geschichte des Gotthardpasses, dieser symbolträchtigen Lebensader, nachvollziehbar gemacht. *Auskünfte und Reservationen. Während der Saison (nach Passöffnung): Telefon 094/ 88 15 25. Ausser Saison: 094/88 14 30*

**Die grösste Museumsdichte** der Welt hat die Schweiz. Weit über siebenhundert Museen kann man besuchen, das Fürstentum Liechtenstein miteingerechnet. Bei den beinahe jeden Monat neu hinzukommenden Kulturhäusern machen die Heimatmuseen den grössten Anteil aus, was darauf schliessen lässt, dass die Schweizer, zumindest was museales Leben betrifft, heimatliche Gefühle zeigen. Das meistbesuchte Schweizer Museum ist das «Verkehrshaus der Schweiz» in Luzern, doch auch die vielen kleinen Sammlungen haben einiges zu bieten. *Bücher: M.Schärer, «Schweizer Museumsführer". A. Kunz, «Museen, die nicht jeder kennt» und «Noch mehr Museen, die nicht jeder kennt».*

**Die grösste Sammlung mechanischer Musikinstrumente** der Welt ist im Musikautomaten Museum Seewen (Kt. Solothurn) vereint. Die rund dreihundert Musikautomaten sind nicht nur zu sehen, sondern mit ihren unzähligen Melodien auch zu hören. Ein spezieller Platz ist den Spieldosen eingeräumt. Das zierliche Musikinstrument ist übrigens 1796 vom Genfer Uhrmacher Antoine Favre-Salomon erfunden worden. Die superlative Sammlung ist Heinrich Weiss-Stauffacher zu verdanken, der während Jahrzehnten die wertvollen Stücke zusammengetragen und 1990 dem Bund geschenkt hat. *Musikautomaten Museum Seewen. Telefon 061/911 02 08. Geöffnet: Di bis Sa, 14-16 Uhr. Dezember bis März geschlossen. Besichtigung nur in Führungen (alle 20 Minuten, Dauer 1 Stunde). Spezialführungen während des ganzen Jahres. Auf Anfrage.*

*Musikautomaten Museum in Seewen, Foto: Maja Zimmermann*

51

# N

**Die reisefreudigste Nation** Europas wenn nicht gar der Welt ist, zumindest was Auslandreisen anbetrifft, die Schweiz. Gemäss der «Eurodata»-Studie von «Reader's Digest» aus dem Jahre 1991 bevorzugen 68 Prozent der reisenden Schweizerinnen und Schweizer einen Abstecher ins Ausland. Jeder fünfte Schweizer will sogar in Länder ausserhalb Europas. Der europäische Durchschnitt für Auslandreisen liegt bei 36 Prozent. Das Bundesamt für Statistik bestätigt dies wobei die amtlichen Angaben sich auf (Ausland-) Übernachtungszahlen stützen. Laut einer «Univox-Freizeitstudie» wollen Herr und Frau Schweizer auch in Zukunft in ihrer Freizeit vor allem mehr reisen. Der Ausgabenzuwachs der Schweizer im übernachtenden Auslandreiseverkehr erreichte im Jahr 1990 rund 5,5 Prozent. Damit gab Familie Schweizer im Ausland 6,9 Milliarden Franken aus.

Dass die Schweizer rekordmässig viel ins Ausland verreisen, hat vor allem mit der Grösse des Landes etwas zu tun. Bereits in Frankreich braucht es im allgemeinen länger, bis man, zu-

mindest auf dem Landweg, in einem anderen Land ist, und in Amerika ist das noch viel extremer. Warum rund 25'000 Schweizer Männer, die nach eigenen Angabe jährlich ein- oder mehrere Male als Sextouristen ins Ausland (Fernost, Südamerika) reisen, so handeln, mögen die Psychologen und Eheberater beantworten.

*Die Schweizer reisen rekordmässig ins (ferne) Ausland. Ob sie dort wohl das vermeintliche Paradies suchen?*

**Das dichteste Netz von Naturfreunde-
häusern** hat die Schweiz. Die «Naturfreunde», eine internationale Organisation, der vierzehn europäische
und drei aussereuropäische Länder
angeschlossen sind, zählt insgesamt
350'000 Mitglieder, denen über tausend Touristenhäuser zur Verfügung stehen. Die «Naturfreunde
Schweiz» entstanden 1905 aus der
Arbeiterbewegung, mit dem Ziel,
auch Arbeiterfamilien Ferien zu er-
möglichen. Nicht Spitzensport sondern, gesunde und erholsame Begegnung mit der Natur stehen auf dem
Programm der Schweizer Organisation, die in ihren 195 Sektionen rund
27000 Mitglieder vereint, die unter
hundert Häusern wählen können.

\* *«Ihre Ferienkarte»: Illustrierte
Landkarte, Massstab 1 : 550'000, bietet Übersichtsplan der Natur-
freundehäuser sowie Informations-
service über Anreisemöglichkeiten und
Unterkunftseinrichtungen. - Informationen über Telefon 031/ 301 60 88.*

# O

**Das weltweit grösste Informationszentrum über die Olympischen Spiele** findet man im «Olympischen Museum» in Lausanne. Das in einem Park am Genfersee gelegene Museum ist mit einer 15'000 Bücher umfassenden Bibliothek ausgerüstet, dazu mit einer Fotothek mit 250'000 Dokumenten, sowie einer Videothek mit Kabinen, in denen man die Filme seiner Wahl anschauen kann. Einzelne Abteilungen sind der Geschichte der Sommer- und Winterspiele gewidmet. Fünfzig interaktive Informationssäulen stehen den Besuchern zusätzlich auf ihrem Rundgang zur Verfügung.

*\* Olympisches Museum, Lausanne. Geöffnet: Di bis So, 10-18 Uhr (1. Oktober bis Ende April). In der Sommersaison eine Stunde länger. Auskünfte über Telefon 021/ 621 65 11.*

**Die meisten Orangenpapiere** der Welt hat der 1914 geborene Hans Peter Weber aus Zumikon gesammelt. Seit 1932 frönt er seiner Leidenschaft, über 25'000 Einwickelpapierchen hat er seitdem zusammengetragen. Als ehemaliger Grafiker visuell geschult, sah er bald, dass auch "Wertloses schön sein kann". In diesem Falle Obsteinwickelpapiere, die zuerst die Italiener um 1860 herzustellen begannen. Auf den Anilindruck folgte der Flexodruck, der mit flüchtigen, dünnflüssigen Farben arbeitet, ein für die dünnen, teils qualitativ schlechten Papierchen ideales Verfahren. Die Papiere sind oft kleine Kunstwerke, zudem auch "Dokumente der Volkskunde und der Wirtschaftsgeschichte". Früher dienten sie als Reklameträger und Entfeuchter. Heute ersetzen leider Parafinbesprühungen und chemofungizide Prozeduren die Papierchen als Schutzhülle, mit dem Resultat, dass es sie kaum mehr gibt.

*Löwe als beliebtes Motiv*

# P

*Wocher-Panorama der Stadt Thun*

**Die meisten Pakete** der Welt werden, je Einwohner gerechnet, in der Schweiz zur Post getragen. Über 200 Millionen sind es durchschnittlich pro Jahr. Das macht pro Bürger rund 30 Pakete. Zwar ist es mit der Statistik auch hier so eine Frage, was denn nun in den jeweiligen Ländern als Paket oder als Kleinpaket respektive noch als Brief zählt. Doch da auf Rang 2 Schweden mit rund fünfmal weniger Paketen folgt, kann dieser Rekord ruhig gezählt werden.

**Das älteste erhaltene Panorama-Bild** der Welt ist in Thun zu sehen. Im Schadau-Park, gleich neben dem gleichnamigen Schloss und nahe am See steht ein Rundbau. Darin befindet sich das «Wocher-Panorama». Es ist das lebensgrosse Bild der Stadt Thun um 1810, gemalt von Marquard Wocher (1760-1830). Das auf eine Leinwand gemalte Bild hat die imposanten Masse von 39 auf 7,5 Meter. Die naturgetreue Darstellung des biedermeierlichen Thun enstand in den Jahren 1808-1814.

*\* Wocher-Panorama. Schadau-Park, Thun. Geöffnet: An Ostern und Mai bis Oktober, Di bis So, 10-12 und 14-17 Uhr. Juli/August bis 18 Uhr; Montag geschlossen.*

**Die ersten Pferderennen auf Schnee** überhaupt fanden in St. Moritz statt.

Genauer: Am 1. März 1906 starteten um 15 Uhr zwölf Pferde und ein Maultier mit den "Rennfahrern", die

auf ihren Skis durch den Schnee ge-
zogen wurden, das Rennen. 9550
Meter lang war die Strecke von St.
Moritz nach Champfèr und zurück.
Bis heute ist das Pferderennen auf
dem St. Moritzer-See ein publi-
kumswirksames Spektakel.
*Die Pferderennen auf Schnee finden
jeweils an Februar-Wochenenden
statt.*

**Die einzigen amtlichen Pilzkontrolleure**
der Welt schauen in der Schweiz
dazu, dass niemand eine Pilzvergif-
tung einfängt. In Frankreich beispielsweise gehen die Sammler in die
Apotheke, wo zu gegebener Zeit die
Spezialisten beraten, und auch in
Deutschland arbeiten die Pilzkontrolleure auf privatrechtlicher
Basis. Nur in der Schweiz sind sie
von den Gemeinden angestellt.

**Die steilste Postautostrecke** Europas
führt vom Kiental im Berner Oberland auf die 1400 Meter über Meer
gelegene Griesalp. Auf dem letzten
Abschnitt von Tschingel nach Griesalp weist das Strässchen mit seinen
spitzkehrenähnlichen Kurven eine
Steigung von bis zu 28 Prozent auf.
Das hintere Kiental mit seinen to-
senden Wasserfällen steht unter
Landschaftsschutz, ist also weitge-
hend unberührt.
*Die Griesalp ist Ausgangspunkt ver-
schiedener Besteigungen im Blümlis-
alp- und Gspaltenhorngebiet. – Auskünfte über Verkehrsbüro Kiental,
Telefon 033/ 76 10 10.*

**Die allumfassendste Privatbibliothek** der
Welt besitzt wohl der Privatgelehrte
und Schriftsteller Hans A. Jenny, selber Autor von rund dreissig Bü-

*Zwischen Tschingel und Griesalp bis zu 28 Prozent Steigung. Foto: PTT*

chern. Nicht Sammelwut sondern unstillbarer Wissensdurst führte zu dieser einzigartigen, ständig weiter wachsenden Bibliothek, die rund 62'000 Bücher aus allen nur erdenklichen Bereichen umfasst und in den Räumen eines umgebauten Bauernhauses untergebracht ist. Ob Baselbiet-Bücher oder «Benimmdich»-Fibeln, Sport oder Spionage, Clowns oder Kinderbücher, Theater oder Tiere, Wien oder Wunder, man findet alles. Auch ein Napoleon-Kabinett und ein kleines Frauen-Museum. Hans Jenny ist ein «Total-Sammler», der sich der unendlichen Vielfalt des menschlichen Lebens widmet. Und seinen Fundus braucht für seine Vorträge, Führungen und

die Schriftstellerei.

*Hans A. Jenny veranstaltet «Soirées sentimentales»: Nostalgisch-romantischer Abend in der Privatbibiliothek mit Apero, Führung und anekdotischer Vorlesung. Zudem Friedhofs-Führungen in Basel, Bern und Zürich. Auskunft über: Hans A. Jenny, Hauptstr. 37, 4492 Tecknau (BL). Telefon: 061/981 47 19.*

**Das wirksamste Psychopharmakon** überhaupt ist das Lyserg-Säure-Diäthylamid, berühmt-berüchtigt unter dem Kürzel LSD. 1938 gelang dem Schweizer Forscher Albert Hofmann in der Pharmazeutischen Forschungsanstalt der Sandoz AG die erste synthetische Herstellung von

LSD. Ein Gramm reicht aus, um zehn- bis zwanzigtausend Menschen für zwölf Stunden in einen Rauschzustand zu versetzen. Vor allem in den sechziger Jahren geriet LSD in den Verruf einer Teufelsdroge, als viele, teils sehr junge Leute die Droge probierten, ohne ihre ungeheure bewusstseinserweiternde Potenz zu kennen. In der medizinischen Wissenschaft geht die Forschung mit LSD allerdings weiter.

**Der bedeutendste Publikumskongress** für Grenzwissenschaften findet seit 1983 jeweils im November im Kongresszentrum der Messe Basel statt. Geistheilen, Spiritismus, Psi total, Prophetie u.a. gehörten zu den Schwerpunktthemata dieses «Internationalen Kongresses für Interdisziplinäre Diskussion von Grenzfragen der Wissenschaft».

*\* Auskunft über Messe Basel, Kongressdienst, Basler Psi-Tage, Postfach, 4021 Basel. Telefon 061/686 28 28.*

# R

*Die Höchsten Rebberge Europas. Foto SVZ*

**Die höchsten Rebberge** Europas sind bei Visperterminen im Wallis angelegt. Vom Grund des Vispertales (650m) klettert der Rebberg über hunderte von Terrassen auf eine Höhe von fast 1200 Meter über Meer hinauf. Das trockene Klima und die steilen Moränenböden erlauben keine grossen Quantitäten, dafür gute Qualität, etwa die «Heida»-Sorte, ein Wein von goldener Farbe, würzigem Aroma und wohltuender Frische.

**Die meisten Reformatoren** der Welt auf so kleinem Raum wirkten in der Schweiz, und dies teils nachhaltig. Der sendungsstärkste war Jean Cauvin, zu deutsch Johannes Calvin (1509-1564). Er musste aus Frankreich flüchten und kam über Strassburg und Basel nach Genf, wurde da nochmals verbannt, kehrte dann aber endgültig zurück. Ab 1541 predigte er täglich in der Kathedrale St-Pierre, bald darauf setzte er einen theokratischen Stadtstaat durch. Der Kalvinismus wurde wegweisend für die reformierten Kirchen und beeinflusste nicht unwesentlich die wirtschaftliche und soziale Entwicklung Europas. Huldrych Zwingli (1484-1531) wirkte von Zürich aus. Als Feldgeistlicher erleb-

*Oekolampad, Reformator in Basel*

te er unter anderem die Niederlage der Schweizer Söldner bei Marignano (1515). Einfluss hat Zwingli vor allem auf die reformierte, anglikanische und schottische Kirche. Als Professor der Theologie verbreitete Oekolampad (1482-1531) in Basel seine reformatorischen Ideen. Zu den weiteren, in der Schweiz wirkenden Reformatoren gehören etwa Leo Jud oder Guillaume Farel.

**Die Partei mit der längsten kontinuierlichen Regierungsbeteiligung** in Europa ist die Freisinnig-Demokratische Partei (FDP) der Schweiz. Gegründet wurde sie 1894 in Olten. Die Vorläufer der heutigen Partei reichen in die dreissiger und vierziger Jahre des 19. Jahrhunderts zurück. Die FDP "verkörperte die nationale und liberale Bewegung, welche den Bundesstaat von 1848 respektive 1874 geschaffen hat" (Urs Altermatt, Historiker). Von der Gründung des Bundesstaates im Jahre 1848 bis ins Jahr 1919 besass der Freisinn im Bundesparlament dank des Majorzwahlsystems die absolute Mehrheit, die er erst nach der Einführung des Verhältniswahlrechts 1919 abgeben musste.

**Den ersten wissenschaftlichen Reisebericht** über Afrika in deutscher Sprache verfasste der in Basel geborene Samuel Brun (1580-1668). Der gelernte Barbier ging mit 27 Jahren auf die Walz. Angelockt von abenteuerlichen Berichten aus fernen Ländern wanderte er rheinabwärts und liess sich in Amsterdam als Schiffarzt auf einem Kauffahrerschiff anwerben. Mehrere ein- bis zweijährige Reisen brachten ihn ins östliche und westliche Mittelmeer und dreimal nach Afrika, wo er die Küsten von Sierra Leone bis zum Kongo kennenlernte. Vierzigjährig kehrte er in seine Heimatstadt zurück. Er arbeitete als Spitalbarbier und schrieb seine Reiseerinnerungen «Schiffahrt» (1624). Mit seinem Werk lieferte er die frühesten europäischen Reiseberichte für manche Teile Afrikas.

**Der berühmteste Rettungshund** Europas ist «Barry», der Bernhardinerhund. Dazu eine kurze Ausführung: Die St. Bernhards oder Bernhardiner-Hunde haben, so geht aus Notizen in den Annalen des Klosters St. Bernhard und Briefen der St. Bernhardsmönche hervor, zwischen 1650 und 1914 über 2000 Menschen gerettet. Durch diese tatsächlichen hündischen Heldentaten haben sich mit weiteren Überlieferungen bewundernder Menschen allerlei wunderbare Geschichten dazugemischt. Den Gipfelpunkt bildet dann der berühmte Barry I (1800-1814), der einst ein kleines, halbverfrorenes Kind, auf

*Berühmtester Rettungshund: Barry I (1800-1814)*

seinem Rücken tragend, ins Hospiz auf dem grossen St. Bernhard gebracht haben soll. Ob Wahrheit oder Mythos, auf dem Pariser Hundefriedhof ist 1899 Barry zu Ehren ein Denkmal errichtet worden. Den originalen, ausgestopften Barry gibt es auch noch: Im Naturhistorischen Museum in Bern.
*\* Barry I. Im Naturhistorischen Museum, Bern. Bernastrasse 15. Di bis So 10-17 Uhr, Mo nur nachmittags 14-17 Uhr.*

**Den ersten Weltmeistertitel im Roboter-Pingpong** gewann 1993 «Batman» aus dem Institut für Robotik der ETH Zürich mit 21 zu 16 gegen den britischen «Charlie V». Bei der «Weltmeisterschaft» ging es allerdings we-

niger um Gold sondern vielmehr um konkrete Ergebnisse des Nationalen Forschungsprogramms «Künstliche Intelligenz und Robotik». Und da waren die Pingpong-Roboter nur ein Beispiel unter vielen, die neue Erkentnisse für die Praxis lieferten.

**Die weltgrösste Röhre** montierten Spezialisten der Sulzer-Escher Wyss AG (Zürich) im Norden Pakistans für das Druckleitungssystem des Wasserkraftwerkes Tarbela. Der Rohrabzweiger hat einen Durchmesser von 13,26 Metern. Das etwa siebzig Kilometer nordwestlich von Islamabad gelegene Tarbela-Projekt bildet einen Teil des Besiedlungsplanes des Indus-Beckens.

**Das einzige Internationale Museum des Roten Kreuzes** liegt gleich gegenüber dem Sitz der UNO in Genf. Es erzählt die Geschichte der von Henry Dunant ins Leben gerufenen Rotkreuzbewegung mit Gegenständen, Fotos und Zeugnissen. Das 1988 eröffnete Museum will ebenso Denkmal der Menschlichkeit sein wie mit teils erschütternden Fotodokumenten aufrütteln; dazu will es die Arbeit des Roten Kreuzes bekannt machen und auch Jugendliche zum Engagement anregen.

*\* Internationales Museum des Roten Kreuzes, 17, avenue de la Paix Genf. Geöffnet: täglich 10-17 Uhr, ausser Dienstag. Führungen nach Vereinbarung.*

**Die schmalste Schmalspurbahn** Europas ist die «Waldenburgerbahn», die von Waldenburg am Fusse des Passwang nach Liestal (Kanton Baselland) fährt. Statt wie üblich 80 beträgt die Spur der Waldenburgerbahn nur 75 Zentimeter.

**Die meisten Schmetterlingsarten** auf so kleinem Raum flattern, zumindest auf dem europäischen Kontinent, im «Papiliorama». Unter dem 11 m hohen, transparenten Kuppeldach breitet sich eine traumhaft schöne, von Menschenhand geschaffene Biosphäre aus, eine Mischung von botanischem und zoologischem Garten. Aus dem Grün der Bananenstauden, Palmen und Gräser leuchten rote Hibiscusblüten, Vogelgezwitscher begleitet den Besucher, Kolibris flitzen umher, eine chinesische Wachtel stochert nach Schnekken und Spinnen, daneben gurgelt ein Bächlein, Wasserschildkröten schwaddern in einem kleinen See,

*Paradiesische Tropenwelt mit mehreren hundert Schmetterlingen*

daneben liegen unbeweglich Zwerg-alligatoren. Und überall flattern hunderte verschiedener Schmetter-linge in ihren bunten Kleidern unhörbar durch die duftende Luft. In einem Schaukasten lassen sich die verschiedenen Entwicklungsstadien des Schmetterlings beobachten. Das Papiliorama ist mit seinen 600 tropischen Pflanzen-, 20 Vogel- und rund 50 Schmetterlingsarten Forschungs-stätte, Ort für naturnahen Schul-unterricht und Erholunsgraum.

* Papiliorama. Marin-Centre, nahe Neuenburg. Geöffnet: März bis September 9-18 Uhr, Oktober bis Februar 10-17 Uhr. - Genaue Auskünfte über Telefon 038/ 33 43 44.

**Den grössten Schneemann** der Welt konnte man nach dem 6. November 1993 oberhalb Saas Fee einen Win-ter lang bewundern. In drei Wochen entstand das 27,47 Meter hohe, ver-gängliche Kunstwerk auf 3000 m.ü.M., das bis zum Sommer 1994 Sonne und Wärme zu trotzen ver-mochte.

**Am meisten Schokolade** essen die Schweizer, und dies mit Tradition. Im Durchschnitt liegt der Pro-Kopf-Verbrauch jährlich bei über zehn Kilogramm. Allerdings sind dabei die Einkäufe der Feriengäste und Grenzgänger inbegriffen. Trotzdem, Norwegen, auf Platz zwei liegend, bringt es nur auf knappe acht Kilos. Damit werden die süssen Eidgenossen dem Cliché vom Schokoladeland vollauf gerecht.

**Der grösste unterirdische See** Europas verbirgt sich in der Mitte des oberen Rhonetals, nahe beim Dorf St. Leonhard. Die Grotte ist seit langem bekannt, doch wagte sich kaum jemand ins Innere. Eine Mär erzählt, dass die jungen, heiratsfähigen Mädchen im dunklen Wasserspiegel das Bild ihres zukünftigen Gatten erkennen können. Dazu muss die Neugierige sich am Heiligabend um Mitternacht alleine vor dem Höhleneingang einfinden und insbrünstig beten. Beim zwölften Glockenschlag der nahegelegenen Kapelle soll aus der Tiefe des Berges ein Licht aufscheinen, und auf dem Wasserspiegel ist in einem kaum sichtbaren Lichtkreis das Antlitz des Zukünftigen zu sehen. Ab 1943 begann man, die Höhle genauer zu

*Blick ins Innere der Höhle mit dem unterirdischen See von St. Leonhard*

erforschen. Der Grundriss des Sees, dessen Wasserspiegel auf 509 Meter über Meer liegt, hat die Form eines langgezogenen Rechteckes. Die mittlere Ausdehnung beträgt 300 Meter in der Länge und 20 Meter In der Breite, die Totalfläche ca. 6000 m2. Der See wird vermutlich von zwei Seiten gespiesen: durch das eindringende Wasser aus dem die Höhle überdeckenden Rebgelände und durch das Grundwasser.

*Anfahrt: Simplonstrasse Sierre-Sion. 500 m talaufwärts des Dorfes St. Leonhard zweigt ein Fahrsträsschen zu Autoparkplatz ab. Von dort Fussweg (ca. 5 Min.) zum Höhleneingang. Schöne Aussicht in Reblandschaft. Kleines Restaurant. Weitere Informationen über Telefon 027/31 22 66.*

**Die längste Sesselbahn** Europas führt von Grindelwald über die Zwischenstation Bort (1565 m.ü.M.) und Egg (1872 m) zum First (2167 m). Die 4355 Meter lange Bahn wurde 1947 eröffnet, sehr zur Freude der Skifahrer und Wanderer. Im Ticketpreis inbegriffen ist die Aussicht auf das atemberaubende Panorama mit grosser Scheidegg, Engelhörnern und Unterem Grindelwaldgletscher, dem am weitesten ins Tal vorstossenden Eisstrom Mitteleuropas.

**Das älteste Skirennen**, das noch heute zur Durchführung gelangt, ist das «Inferno-Rennen» im Berner Oberland. Arnold Lynn, Begründer des alpinen Skisports und des Arlberg Kandahars, war auch der Initiant des «Infernos». Am 29. Januar 1928 wurde das «Teufelsrennen», das über jegliche Rekordsucht erhaben ist, erstmals durchgeführt. Start war der höchste Punkt des 2970 Meter hohen Schilthorngipfels. Sieger war in einer Stunde und 12 Minuten Harold Mitchell. Auch heute kommt die Teilnahme vor Rang und Name. Ohne Sturzhelm, so eine der Regeln, darf allerdings zu diesem 15,8 Kilometer langen Rennen, das vom Schilthorn nach Lauʼerbrunnen führt, nicht gestartet werden.

*Informationen zum «Inferno» über Verkehrsbüro Lauterbrunnen, Telefon 036/55 19 55.*

**Die schnellste mit Solarkraft je erzielte Geschwindigkeit** hat die «Spirit of Biel-Bienne» am 13./14. August 1994 in der südspanischen Stadt Almeria erreicht. Während den auf drei Tage angesetzten Rekordfahrten erbrachte die «Spirit» allein mit Sonnenenergie und ohne Batterieunterstützung die Leistung von 1100 Watt und war mit 82,7 km/h fast fünf km/h schneller als die Bestmarke von «Sunraycer» (1988).

*Das wohl verrückteste Dreirad der Welt: «Mad Rat»*

**Das erste Solar-Motorrad** der Welt konstruierte Ernst Strahm aus Madiswil, Kanton Bern («Moto Strahm»). «Sun Jet II» heisst sein 85 km/h schnelles, 250 kg schweres und 4,9 m langes, dreirädriges «Motorrad des 21. Jahrhunderts». Ernst Strahm und Uli Schärer sind auch die Erfinder des wohl verrücktesten Dreirads der Welt. Beim fahrtüchtigen Recycling-Monster «Mad Rat» fehlen weder Vollwaschmaschine mit Drehkolben-Pogramm noch Dusche, Bierfässchen-Vorratslager, Telefon, Hifi-Anlage, Holzkohlengrill usw.

**Die erste Solar-Park-and-Ride-Anlage** der Welt wurde 1989 in Liestal eröffnet. Entstanden ist sie auf Initiative der Arbeitsgemeinschaft für dezentrale Energieversorgung (ADEV). Die Anlage für Solar-Elektrofahrzeuge mit Parkplätzen für Dauermieter und Kurzzeitparkierer liegt nahe des Liestaler Bahnhofes. Dies nicht ohne Grund, denn die Idee dahinter ist es, Benützern des öffentlichen Verkehrs mit schlechten Verbindungen zum Wohnort umweltfreundliche Alternativen zu bieten. Dazu dienen die Solar-Elektrofahrzeuge. Die Parkgebühren beinhalten gleichzeitig Strombezug, um das Auto wieder aufzuladen. Für den Strombezug sorgt eine Solarzellenanlage.

*\* Weitere Informationen über ADEV, Telefon 061/921 94 50.*

*Der 140 Meter hohe Jet d'Eau in Genf*

**Die meisten Spielwaren** der Welt kaufen die Schweizer. Anders gesagt: In keinem anderen Land der Welt wird pro Kopf der Bevölkerung mehr Geld für Spielwaren ausgegeben wie in der Schweiz, nämlich knapp neunzig Franken (1993). Mit grossem Abstand folgen auf den nächsten Plätzen Schweden und Deutschland. Das grösste Stück vom Schweizer Spielzeugkuchen schneidet sich seit Jahren die Firma «Lego» ab (17% Marktanteil).

**Die meisten Sprachen** auf so kleinem geografischem Raum werden in der

Schweiz gesprochen. Die vier Landessprachen (Schweizer-)Deutsch, Französisch, Italienisch und Rätoromanisch verfügen jeweils über eigenen Wortschatz und eigenständige Grammatik. Hinzu kommen – wie in jedem Land – unzählige Dialekte, die aber nicht als Vollsprachen gezählt werden dürfen.

**Der höchste Springbrunnen** Europas ist der Jet d'Eau beim Quai Gustave-Ador in Genf. Die Idee der superlativen Wasserfontäne geht auf den Direktor des städtischen Wasseramtes in Genf, Constant Butticaz zurück. 1886 liess er überschüssiges Wasser des Rhone-Kraftwerkes Coulouvrière durch ein Sicherheitsventil ausrüsten. 140 Meter ist die maximale Höhe des Jet d'Eau, Genfs berühmtestem Wahrzeichen. Den höchsten Springbrunnen der Welt kann man in den Fountain Hills von Arizona (USA) besuchen. Seine Wasserfontäne schafft die Höhe von 170 Metern.
* *Der Jet d'Eau ist vom Eröffnungstag des Automobilsalons bis Mitte Okt. jeweils von 9.30-23.45 Uhr in Betrieb.*

**Die höchstgelegene Stadt** Europas mit einer Einwohnerzahl von über 50'000 Einwohnern ist St. Gallen, wo 72'000 Menschen wohnen. Der niedrigste Punkt liegt auf 630 Meter über Meer, der höchste auf 1050.

**Die steilste Standseilbahn** der Welt, die Ritombahn, führt von Piotta (1005 m) im Kanton Tessin über die Zwischenstation Altanca nach Piora (1793 m.ü.M.). Die maximale Steigung beträgt 88 Prozent, womit das Verhältnis zwischen horizontaler Entfernung zu vertikaler Höhe gemeint ist. (Das entspricht einem Winkel von 39 Grad). Als man die Staumauer und Druckleitung beim Ritomsee baute, erstellte man 1919 auch die superlative Bahn für den Werkverkehr. Zwei Jahre später wurde die Ritombahn für den Tourismus umfunktioniert. Von der Bergstation Piora führt ein Weg zum Ritomsee, der in einer grosszügigen, nahezu unberührten Bergregion liegt, die im Bundesinventar der Landschaften und Naturdenkmäler von nationaler Bedeutung (BLN) aufgenommen ist.
* *Bei der Zwischenstation Altanca kreuzt die Ritombahn die «Strada Alta», einen schönen Wanderweg, der in drei Tagesetappen von Airolo nach Biasca führt. Übernachtungsmöglichkeiten auf der gesamten Route.*

**Die niedrigste Sterberate** der Welt haben die Schweizer Frauen. Dies geht aus einem Bericht der «Organisation für wirtschaftliche Zusammenarbeit und Entwicklung» (OECD) hervor, der diesbezügliche Erhebungen in 24 Ländern machte. Auf 100'000 Einwohner in der Schweiz sterben pro Jahr rund 540 Frauen. Ebenfalls unter der Schwelle von 600 bleiben die Japanerinnen, die Isländerinnen, Kanadierinnen, Schwedinnen, Norwegerinnen und Holländerinnen.

**Die ersten umfassenden Strafnormen** gegen die Geldwäscherei wurden in Europa von der Schweiz eingeführt. Vor 1990 existierten in einigen anderen europäischen Ländern Strafnormen, die dieses Phänomen nur partiell (etwa im Zusammenhang mit Drogendelikten) erfassten. Die «Strafbestimmungen über die Geldwäscherei und die mangelnde Sorgfalt bei Finanzgeschäften» trat am August 1990 in Kraft. Im Mai 1993 ratifizierte die Schweiz als dritter Staat das «Übereinkommen des Europarates über Geldwäscherei sowie Ermittlung, Beschlagnahme und Einziehung von Erträgen aus Straftaten», das dann im September gleichen Jahres in Kraft trat. Am 30. Juni 1993 wiederum verabschiedete der Bundesrat das «Zweite Massnahmenpaket». Dieses Paket stellt die Beteiligung an einer kriminellen Organisation sowie deren Unterstützung unter Strafe, verbessert den Zugriff der Strafverfolgungsbehörden auf kriminell erworbene Gelder und gibt im Finanzbereich tätigen Personen das Recht, verdächtige Wahrnehmungen den zuständigen Behörden zu melden. Dieses Paket trat am 1. August 1994 in Kraft.

**Die ersten geteerten Strassen** der Welt und die heutige Art, Strassen zu teeren, sind dem Schweizer Ernst Guglielminetti (1862-1943) zu verdanken. Am 13. März 1902 schritt er zur spektakulären Tat: Er liess in dem von Strassenstaub geplagten Monaco ein vierzig Meter langes Strassenstück mit Teer bestreichen und propagierte dies als bestes Mittel zur Bekämpfung der Staubplage. Bald wurde auch die Landstrasse Lausanne-Genf nach diesem revolutionären Verfahren geteert. Guglielminettis Erfindung brachte ihm Auszeichnungen in 37 Ländern und den Übernamen «Dr Goudron» (Dr. Teer) ein. Der studierte Mediziner war vier Jahre in Java, Sumatra und Borneo als Tropenarzt tätig, danach begehrter Modearzt in Monaco. Während der Jansen-Expedition auf den Mont-Blanc (1891) machte er zudem Untersuchungen über die Höhenkrankheit, was zu weiteren Erfindungen führte, darunter Atemschutzapparate für Feuerwehr und Piloten.

**Der längste Strassentunnel** der Welt ist der Gotthardstrassentunnel. "Unbestrittene Dynamik hat andern Erwägungen und Skepsis gegenüber Fortschritt und Verkehr Platz gemacht",

*«Dr Goudron» Ernst Guglielminetti*

sagte der damalige oberste Bauherr und Bundesrat Hans Hürlimann 1980 bei der Eröffnung des 16,32 Kilometer langen Tunnels. Neunzehn Opfer forderte das imposante Bauwerk, das mit zwei unterirdischen Fahrspuren Göschenen mit Airolo vebindet.

**Als erster in die Stratosphäre** eingedrungen ist Auguste Piccard (1884-1962). Piccard, Sohn eines Professors für Chemie in Basel, studierte Maschinenbau und arbeitete in Zürich mit Albert Einstein an der Entwicklung elektrischer Messgeräte. Piccard befasste sich mit der kosmischen Strahlung und den ionisierten Schichten in der oberen Atmosphäre. Die Stratosphäre, in

der es ohne künstliche Atmung kein Leben gibt, betrachtete er als Zukunftsfeld des Luftverkehrs, und er sagte schon früh phantastisch gesteigerte Luftgeschwindigkeiten voraus. Als Empiriker entwickelte er eine hermetisch-dichte Aluminiumgondel, mit der er 1931, zusammen mit dem Ingenieur Paul Kipfer, 15'781 Meter Höhe und im darauffolgenden Jahr zusammen mit Max Cosyns gar 16'201 Meter erreichte. Damit war er der erste Mensch, der in die Stratosphäre eindrang. Nach 27 weiteren Ballonaufstiegen wandte sich Piccard der Tiefseeforschung zu. Seine Druckkabine lieferte Erkenntnisse, die später als wertvolle Grundlagen dem Bau der ersten Jet-Flugzeuge dienten.

**Bedeutendster Vertreter des Strukturalismus** ist der Schweizer Ferdinand de Saussure (1857-1913). Strukturalismus ist gemäss «Lexikon der Sprachwissenschaft» die"Wissenschaftsgeschichtliche Sammelbezeichnung für verschiedene sich auf Ferdinand de Saussure berufende, im einzelnen aber stark voneinander abweichende sprachwissenschaftliche Richtungen in der ersten Hälfte des 20. Jahrhunderts". De Saussure, Professor für Sanskrit und allgemeine Sprachwissenschaft an der Universität Genf, gilt zudem als Begründer der modernen Linguistik. Er ging davon

aus, dass "Sprache ein präzis er-
fassbares, formal exakt darstellbares
relationales System von formalen
Elementen ist". De Saussure zeigte
auf, dass Sprache als soziales Verhal-
ten nicht allein von linguistischen
sondern auch von psychologischen
und sozialen Gesichtspunkten her
untersucht werden muss. In seiner
Nachfolge stehen die Prager und die
Kopenhagener Schule, der amerika-
nische Strukturalismus sowie die
grosse strukturalistische Bewegung
in Frankreich um den Ethnologen
Claude Lévi-Strauss.

*Maggis-Würze: Werbung anno dazumal*

**Die erste kochfertige Suppe** der Welt
kommt aus der Schweiz. Dazu die
Vorgeschichte: Das industrielle Zeitalter brachte gegen Ende des letzten
Jahrhunderts auch in der Schweiz
einschneidende Veränderungen. Fa-
briken schossen aus dem Boden,
Frauenarbeit war gefragt. Dies hatte
zur Folge, dass die Frauen immer
weniger Zeit zum Kochen hatten,
was sich wiederum auf den Ernäh-
rungsstand der Arbeiterbevölkerung

negativ auswirkte. Da kam die Zeit
des Julius Maggi (1846-1912). Auf
der Basis von Hülsenfrüchten mit
ihrem hohen Nährwert entwickelte
er die erste kochfertige Suppe. 1889
erweiterte er sein Angebot bereits auf
eine ganze Palette von Suppen.
Gleichzeitig entwickelte der Erfinder
die heute weltbekannte «Maggi-
Würze», die vor allem zum Würzen
der Maggi-Suppen gedacht war.

**Die erste «Tafel»-Schokolade** geht auf François-Louis Cailler (1796-1852) zurück. Bei den italienischen Schokolademännern, die Zucker und Kakao von Hand mahlten, mischten und zu einem süssen Brei verrührten, sah Cailler erstmals Schokolade. In Turin ging er daraufhin vier Jahre in einer Schokoladefabrik in die

*François-Louis Cailler (1796-1852)*

Lehre. Danach kehrte er in die Schweiz zurück und eröffnete 1819 die erste hiesige Schokoladefabrik. Er liess sich eine Steinwalze bauen und verkaufte nun seine «Schoggi» in Form von Brötchen oder eben: Tafeln. Dies war eine bahnbrechende Neuerung, denn die Italiener boten ihre noch immer von Hand hergestellte Ware in Stangen an, von denen sich der Kunde je nach Bedarf ein Stück abschnitt. Caillers Maschinen waren die rudimentären Vorläufer der heutigen Conchier- und Mischmaschinen.

1929 trat die Fusion zwischen Nestlé und Peter/Cailler/ Kohler in Kraft.

**Das tiefste Tal** Europas ist das Mattertal im Kanton Wallis. Anders gesagt: Nirgendwo in Europa werden zwei der höchsten Alpengipfel, die nur zehn Kilometer Luftlinie auseinanderliegen, durch ein so tiefes Tal getrennt wie eben das Mattertal. Der Höhenunterschied zwischen Randa im Zentrum des Tales (1407m.ü.M.) und dem 4545 m hohen Dom (östlich) respektive dem gegenüberliegenen, 4505 m hohen Weisshorn (westlich) beträgt über 3000 Meter.
*\* Imposantester Blick auf die superlative Topographie von Törbel oberhalb Stalden.*

**Die grösste Tauchtiefe** erreichte Jacques Piccard, der Sohn von Auguste Piccard, der als erster Mensch in die Stratosphäre eingedrungen war. Mit dem nach dem Ballon-Prinzip statisch funktionierenden Tauchfahrzeug mit Namen «Bathyskaph», das aus einem mit Leichtbenzin gefüllten Tragkörper und einer hermetisch geschlossenen, druckfesten kugelförmigen Gondel bestand, erreichten Vater und Sohn 1953 im Thyrrenischen Meer 3150 Meter Tiefe. Jacques Piccard stiess dann 1960 zusammen mit Leutnant Donald Walsh in einem zweiten, von Piccard gebauten Bathyskaph, der «Trieste», bis in eine Tiefe von 10'916 Meter vor. Dem Namen der Bathyskaph entsprechend wird diese Rekordtiefe im Marianengraben im Pazifik, östlich der Philippinen, Trieste-Tiefe genannt.

**Eine superlative Tauchtiefe nur mit Flasche und Gummianzug** brachte den Schweizer Hannes Keller 1961 im Langensee auf eine Tiefe von 220 Meter – Weltrekord. Keller: "Ich glaube kaum, dass jemand auf die verrückte Idee kommt, diesen Rekord brechen zu wollen."

**Über die weltweit grösste Dichte öffentlicher Telefonanschlüsse** verfügt die Schweiz. Auf tausend Einwohner kommen rund achtzig Kabinen. Bei der Dichte der Telefonanschlüsse insgesamt steht die Schweiz mit ihren sechzig Anschlüssen pro hundert Personen hinter Schweden auf Platz zwei.

**Das einzige umfassende Tell-Museum** der Welt wurde 1966 in Bürglen am Klausenpass (Kanton Uri) eröffnet. Zu sehen gibt es eine grosse Sammlung von Tellfiguren und -plastiken, viele Münzen und Medaillen mit Tellmotiven und die ältesten eidgenössischen Chroniken, darunter Peter Etterlins «Kronika von der loblichen Eydtgnosschaft» von 1507 mit der ältesten Darstellung des Apfel-

schusses als Holzschnitt. Eine 25minütige Tonbildschau «Wilhelm Tell» ergänzt die Sammlung.

*\* Tell-Museum in Bürglen. Geöffnet: Mai bis Ende Oktober 10-11.30 und 13.30-17 Uhr. Juli/August 9.30-17.30 Uhr. Übrige Zeit nach Anfrage (Telefon 044/2 41 55). Nahe des Museums ist das Tell-Denkmal und die 1582 erbaute Tell-Kapelle.*

**Das grösste alpine Thermalbad** Europas liegt in Leukerbad, und heisst Burgerbad. Mit über zwanzig weiteren Thermalbädern bietet Leukerbad das grösste diesbezügliche Angebot in den europäischen Alpen. Das 1411 Meter über Meer gelegene, heute als Kurort wie Wintersportplatz beliebte Walliser Dorf im Dalatal erwähnt in seinen Urkunden bereits 1315 erste Bäder. 1501 konnte der Bischof Leukerbad dank seiner heilbringenden Quellen, die bis zu fünfzig Grad heiss aus den Felsen sprudeln, als Kurort propagieren. Heute ist das Angebot vielfältig. Man kann wählen zwischen Thermalbädern, türkischem, finnischem oder römisch-irischem Bad, welches sich im Badetempel Alpentherme auf

*Burgerbad: Grösstes alpines Thermalbad*

zehn Etappen aufbaut. Das älteste Grotten-Thermalbad Europas ist übrigens das nahegelegene Brigerbad im gleichnamigen Ort.

*\* Mehr Informationen zu den Thermalbädern beim Verkehrsverein Leukerbad. Telefon 027/ 62 11 11.*

**Die meisten Tibeter** ausserhalb des asiatischen Raumes leben in der Schweiz. Nach der blutigen Niederschlagung des tibetischen Nationalaufstandes durch die chinesische Besatzungsmacht im März 1959 mit über einer Million Toter, mussten unzählige Tibeter ins Ausland flüchten. Etwa 100'000 leben heute in Indien, 12'000 in Nepal, 2400 in Bhutan, und rund 2000 in der Schweiz. Das ist die grösste tibetische Population ausserhalb des asiatischen Raumes. "Die Schweiz ist eines der wenigen Länder, die sehr viel für die tibetischen Flüchtlinge getan hat", liest man in einem Jahresbericht. Die Tibeter haben sich längst in unserem Land organisiert, unter Mithilfe von Schweizern. So gibt es das klösterliche Tibet-Institut in Rikon, das buddhistische Zentrum für tibetische Studien in Le Mont Pelérin, tibetische Sprachkurse, Hilfswerke, Vereine, Zeitungen und Radiosendungen.

*\* «Tibetfax» – Adresse, bei der alle aktuellen News zu beziehen resp. einzusenden sind, die Tibet betreffen: Thomas Büchli, Fax 064/55 20 77*

**Das erste vollautomatische und tragbare Tonaufzeichnungsgerät** der Welt, das «Nagra», entwickelte der Erfinder und Industrielle Stefan Kudelski. 1927 in Polen geboren, kam er während des Zweiten Weltkrieges in die Schweiz, wo er 1948 an der ETH Lausanne ein Studium aufnahm und sich auf Elektronik spezialisierte. 1951 baute er sein erstes automatisches Tonbandgerät. Heute gehört das weltberühmte «Nagra»-Gerät bei Film, Video und Fernsehen zur Standardausrüstung, und viele Filme, die seit 1970 mit Oscars ausgezeichnet worden sind, sind mit Hilfe von Kudelskis «Nagra»-Geräten vertont worden. Kudelski selber ist ebenfalls mehrfacher Preisträger. 1991 erhielt er in Hollywood den «Gordon Sawyer Award» der US-Filmakademie für eben dieses Tonaufzeichnungsgerät.

**Die längste Tramlinie** Europas ist 26 Kilometer lang und führt von Rodersdorf (Kanton Solothurn) über Basel nach Dornach (SO).

**Der längste Treppenaufgang** der Welt steht im Kanton Bern und hat 11'674 Stufen, teils aus Holz gefertigt, teils gemauert oder aus Naturstein und mit Geländer. Die Treppe wurde 1910, zur selben Zeit wie die Niesenbahn, fertiggestellt. Eine Diensttreppe zu eben dieser Bahn ist es denn auch, und der Öffentlichkeit ist es verboten, sie zu begehen. Nur: Wer möchte denn schon freiwillig den dreieinhalb Kilometer langen Treppenaufgang unter die Beine nehmen und Stufe für Stufe von 692 auf 2362 Meter über Meer keuchen?
\* *Der pyramidenförmige Niesen (2362 m.ü.M.) im Berner Oberland bietet einen schönen Panorama-Blick (Jura, Vogesen, Titlis, Wetterhorn, Eiger, Mönch, Jungfrau, Waadtländer Alpen etc.). Dazu ca. 100 km markierte Wanderrouten. – Niesenbahn: Von Mülenen (Talstation) zu Berghaus Niesen-Kulm ca. halbe Stunde.*

*Niesenbahn, im Hintergrund Wetterhorn, Schreckhorn/Lauter Aarhorn, Eiger und Mönch (v.l.n.r.). Foto: SVZ*

*Die «Pedalos», Ruedi Wenger, Urs Rindlisbacher und Werner Beetschen (v. l.)*

**Das kleinste Tridem-Fahrrad** der Welt wird von den «Pedalos», drei Basler Rad-Akrobaten gefahren. Die drei Stammgäste des «Guinness Buch der Rekorde» haben ihren eigenen Weltrekord geschlagen. Vom 63-cm-Velo sind sie auf ein 48 cm langes Fahrrädchen umgestiegen. Das Tridem gehört zu ihrer rund 20minütigen Show, bei der sie humoristische Rad-Akrobatik auf zwanzig verschiedenen Fahrrädern bieten.
*\* Die Pedalos kann man engagieren. «Beetschen-Studio», Binningen. Telefon 061/422 11 11*

**Am meisten Trinkwasser** von allen Europäern verbrauchen die Schweizer. Das ergibt die Statistik der «International Water Supply Association» (IWSA). Über vierhundert Liter sind es in der Schweiz pro Kopf und Tag (Durchschnittswert über mehrere Jahre). An zweiter Stelle folgt Norwegen (ca. 350 Liter). Doch wie bei allen Statistiken ist es immer auch eine «Frage der Terminologie», wie beim «Schweizerischen Verein des Gas- und Wasserfaches» verlautet. Doch eines ist sicher: "Wir sind Grossverbraucher."

**Die höchsten Trottoirs** Europas gibt es in Langenthal. Kurt Marti dichtete gar darüber: "so gang e mal nach langethal: / dert nämlech git's / die höchschte trottoir vo europa / doch louf schön zmitts / süsch machsch e metertiefe faux-pas." Die Trottoirhöhe hat ihren Grund: Das hochwassergefährliche Flüsschen Langete, das übrigens dem alten Langenthal den Namen gegeben bat, überflutete zu früheren Zeiten immer wieder das Dorf. Deshalb baute man ein eigenartiges Wassersystem, und dazu die ein Meter hohen Gehsteige. Erreichte der Flusspegel 1.10 Meter, öffnete man beim Gemeindehaus eine Schleuse, um das Hochwasser durch die Bahnhofstrasse und schliesslich durch einen gedeckten Hochwasserkanal zum Hardwald hin abzuleiten. Das Wasser überflutete also die Strassen, aber dank der hohen

Trottoirs blieb der Fussgänger im Trockenen. Heute kann das nicht mehr passieren, da man einen acht Kilometer langen Entlastungsstollen gebaut hat. Die hüfthohen Gehsteige aber bleiben Langenthal erhalten.

**Die grösste Tunnelbohrmaschine** der Welt kommt beim Nordportal zwischen Muttenz und Pratteln (Kanton Baselland) zum Einsatz. Das tausend Tonnen schwere und 180 Meter lange Ungetüm wird sich bis 1998 Richtung Liestal durch den Adlerberg fräsen. Im Jahr 2000 soll dann das Bahn-2000-Teilstück Muttenz-Liestal dem Verkehr übergeben werden.

**Als bekanntester Typograph** des 20. Jahrhunderts gilt Adrian Frutiger, der 1928 in Interlaken geboren wurde und seit 1952 in Paris lebt. Er ist, nicht messbar aber allgemein anerkannt, der beste Schriftenzeichner der Welt. Frutiger schuf zwölf grosse Leseschriften, darunter ganze Schriftsysteme. Er entwarf fünfzehn weitere Schriften, darunter die seit 1973 weltstandardisierte Bildschirmschrift «OCR-B» (Optical Character Recognition); er hat zudem einige der gebräuchlichsten Bleisatzschriften für die Fotosatz-Technologie umgeschrieben. Die «Meridien», 1954 entstanden, war Frutigers erste grosse Textschrift, 1955 zeichnete er die «Serifa», die «Univers» 1958, die «Frutiger» 1970. Letztere ist vor allem als international verbreitete Flughafenschrift zu besonderen Ehren gekommen. Eine Grotesk-Schrift, rauher als die «Univers»; Ober- und Unterlängen stark ausgeprägt; relative kleine Grossbuchstaben.

*\* Mehr über Adrian Frutigers Schriftphilosophie erfährt der Interessierte in «Der Mensch und seine Zeichen», 3 Bände, Hrsg. Horst Heiderhoff, Frankfurt 1978-1981.*

# Adrian Frutiger
ABCDEFGHIJKLMNOP
QRSTUVWXYZ abcdef
ghijklmnopqrstuvwx
yz123456789 .,;?! »«&

**Die erste Überschallgeschwindigkeit** überhaupt wurde in der Schweiz erzeugt. Der Reihe nach: Durch Grenzschichtabsaugung gelang es den Aerodynamikern, die Widerstandsbeiwerte zu verringern und die Wirtschaftlichkeit schneller Flugzeuge zu verbessern. Ein Hauptverdienst an dieser Entwicklung kommt der ETH in Zürich zu, deren Institut für Aerodynamik unter Professor Jakob Ackeret (1898-1981) die ersten fundamentalen Arbeiten leistete und die Strömungsprobleme der Grenzschichten studierte. Ackeret beschleunigte dann auch erstmals einen Körper auf Überschallgeschwindigkeit. Er führte zudem die Bezeichnung «Mach» und die Mach-Zahl ein, die das Verhältnis der Strömungsgeschwindigkeit eines kompressiblen Mediums oder eines Körpers in ihm zur Schallgeschwindigkeit angibt.

**Die grösste UFO-Sammlung** Europas umfasst über 500 Fotos und etwa 200 Bücher. Zusammengetragen hatte sie Lou Zinsstag, die durch Zufall auf ihre Liebhaberei gestossen war.

Nach ihrem Tode gelangte die umfangreiche Sammlung in die Universitatsbiliothek in Basel.

**Die meistverkaufte Uhr** der Welt ist die «Swatch», die 1983 auf den Markt kam. In ihren ersten zehn Lebensjahren wurde sie rund 150 Millionen Male verkauft. "Wenig technische Bestandteile, aber viele verschiedene Outfits sind das Geheimnis der Swatch. Ihre Fans gebärden sich mitunter wie Mitglieder einer religiösen

*Beim Bernina gesichtetes UFO*
*Fotografiert von Giampietro Monguzzi, 1952*

79

Sekte – für neue Modelle stehen sie stundenlang Schlange." (Sonntags-Zeitung 10/4/94).

Auch sonst ist die Schweiz – wie kaum anders zu erwarten – in der Uhrenindustrie führend, und zwar weltweit. Die Schweizer Uhrenindustrie produziert rund 55 Prozent des weltweiten Handelswertes.

**Die umweltfreundlichste Uhr** der Welt, die geschützte Marke «Ecomatic», wird im Zürcher Familienunternehmen, der Firma «Mondaine Watch» fabriziert. Den in Amerika gebräuchlichen Begriff des «Post consumer recycling» übertrug man bei Mondaine auf Uhren: Aus Altmetall werden nun erfolgreich modische Qualitätsuhren hergestellt, zum Beispiel eine Armbandversion der Schweizer Bahnhofsuhr. Der Rohstoff für das Gehäuse ist eine Messinglegierung aus Kupfer, Zink und Aluminium, die ausschliesslich und unter notarieller Aufsicht aus gebrauchten und recyclierten Konsumgütern eingeschmolzen wird.

**Die erste wasserdichte Uhr** der Welt stammt aus dem Hause «Montres Rolex» in Genf. Die 1926 kreierte «Rolex Oyster» war dank einer neuartigen Abdichtung der Kronenpartie die erste Uhr, die nicht nur absolut wasserdicht war sondern auch unempfindlich gegenüber Hit-

ze, Kälte, Vibrationen und Feuchtigkeit. 1927 durchschwamm die Stenotypistin Mercedes Gleitze in rund fünfzehn Stunden den Ärmelkanal mit einer Rolex Oyster am Handgelenk. Das war erstens der Beweis für die Wasserfestigkeit und zweitens ein erfolgreiches Werbemittel für den Artikel.

*Die Rolex Oyster, Jahrgang 1926*

1926

**Das weltgrösste Unternehmen** der Nahrungsmittelindustrie trägt den Namen Nestlé. 1991 feierte der multinationale Konzern mit weltweit rund 200'000 Mitarbeitern seinen 125. Geburtstag. Das Verwaltungszentrum ist in Vevey domiliziert.

Da die Säuglingssterblichkeit im vorigen Jahrhundert noch immer sehr hoch war, forschte man nach einer besseren Ernährung für Kleinkinder. 1867 brachte Henri Nestlé (1814-1890) sein «Kindermehl» auf den Markt. Von seiner Erfindung sagte er: "Grundlage meines Kindermehls ist die gute Schweizer Milch, die mittels einer mit Luftdruck arbeitenden Pumpe bei niedriger Temperatur konzentriert wird, wobei die ganze Frische der warmen Milch erhalten bleibt. Das Brot wird nach einer neuen, von mir erfundenen Methode gebacken und nach wissenschaftlich genau abgewogenen Verhältnissen beigemischt. Das ergibt eine Nahrung, die nichts mehr zu wünschen übrig lässt." (Aus: Jean Heer, «Nestlé. Hundertfünfundzwanzig Jahre von 1866 bis 1991».) 1868 drang der gute Ruf des Kindermehls bereits nach Übersee – der Beginn des seither ständig wachsenden, weltweit verzweigten Unternehmens war damit eingeleitet.

# V

**Als erster Velo-Rennfahrer** schaffte es der Schweizer Tony Rominger, den Stunden-Weltrekord über die 54-km-Grenze zu treiben. Mehr noch: Am 5. November 1994 spulte der Radprofi auf der Rundbahn von Bordeaux in Frankreich in einer Stunde sensationelle 55,291 Kilometer ab! Damit hat er seinen eigenen,

am 22. Oktober 1994 aufgestellten Rekord von 53,832 km nochmals deutlich verbessert und ist somit der schnellste Velo-Rennfahrer aller Zeiten. (Stand: Dezember 1994)

**Die kürzeste Verbindung** zwischen Nord- und Südeuropa bildet die St. Gotthard-Strasse. Für die Römer war die Gotthardroute bereits eine wichtige Heerstrasse bei ihren Eroberungszügen in den Norden. Im 15. Jahrhundert dann wurde ein Saumpfad auf das heutige Trassee gelegt, ab 1818 wurde es fahrbar gemacht. Die dritte Strassengeneration, eine Hochleistungsstrasse mit Betonbelag, wurde 1977 eröffnet, und 1980 wurde der Gotthard-Strassentunnel dem Verkehr übergeben. 1993 betrug der durchschnittliche Gesamtverkehr pro Tag 16'163 und der höchste Tageswert 38'236 Fahrzeuge.

**Den grössten Verkehr** aller europäischen Alpentransitbahnen bewältigen die Schweizerischen Bundesbahnen (SBB) bei der Gotthardlinie. Bereits 1883, also im ersten Betriebsjahr, wurden 300'000 Gütertonnen (netto) befördert, 1990 war es mit 9,81 Millionen Tonnen netto das 32fache, oder 56'000 Tonnen pro Tag (werktags, brutto). Heute fahren pro Tag durchschnittlich 240 Züge (Reise-, Güter-, Dienstzüge) durch den Gotthard.

**Das vielseitigste Verkehrsmuseum** Europas ist das «Verkehrshaus der Schweiz» in Luzern. Auf 1000 Metern Geleise zeigt man da beispielsweise 60 Lokomotiven und Zahnradbahnen, die Gotthardbahn im Modell ist zu sehen, auch verschiedene Schiffs- und Flugzeugtypen; Kutschen, Personen-, Renn- und

Lastwagen usw. Auf 36 Grossleinwänden wird im «Cosmorama» die Geschichte der Raumfahrt erzählt, und auch Post- und Fernmeldewesen fehlen nicht. Im «Planetarium» schliesslich ist der Blick ins Universum möglich.

*Das Verkehrshaus der Schweiz in Luzern ist täglich von 9-18 Uhr offen.*

**Über die höchste Verlagsdichte** Europas verfügt die Schweiz, zusammen mit den skandinavischen Ländern. 15,3 Tageszeitungen kommen auf eine Million Einwohner, wobei der europäische Durchschnitt lediglich bei 4,29 liegt. Achtzig Prozent der Schweizer Bevölkerung werden mit

*In Szene gesetzt: alte Autos, Motorräder und Zapfsäule im Verkehrsmuseum Luzern*

mehreren regionalen Zeitungen versorgt, während zum Beispiel in Italien nur knapp fünfzehn Pozent diese Wahl haben.

**In der Vermögensverwaltung von Privatpersonen** sind die Schweizer Banken die Nummer eins der Welt, und zwar absolut, nicht bloss pro Kopf gesehen! Zwar habe niemand, so ein Sprecher der Schweizerischen Nationalbank, schlüssige Zahlen, weil da "das Bankgeheimnis greift", doch am «Rekord» zweifelt niemand. Ein Grund mag sein, dass die Schweizer Privatbanken ein "alter, traditioneller Geschäftsbereich" sind. Ein anderer Grund ist darin zu finden, dass die Schweiz in der Nachkriegszeit das einzige Land Europas war, das Devisen frei aus- und einführen konnte. Und das hat den Schweizer Banken zu einem gewissen Know-how-Vorsprung verholfen.

**Die meisten Versicherungsprämien** der Welt zahlen die Schweizer. Genauer: Die höchsten Pro-Kopf-Ausgaben für privatwirtschaftlich angebotenen Versicherungsschutz sind in der Schweiz zu verzeichnen. 1992 waren es laut Erhebung der «Schweizer Rück» 2'923 US-Dollars. Auf den nächsten Plätzen folgten Japan (2'576 US-$) und die USA (2'068 US-$). Der Betrag umfasst jeweils Nicht-Leben und Leben-Prämien.

**Die meisten Vertreter der europäischen Utopie** verkehrten um die Jahrhundertwende auf dem «Monte Verità» («Berg der Wahrheit»). Der Name Monte Verità bezeichnet gleichfalls jene um 1900 gegründete Vereinigung mit Sitz auf eben diesem nördlich von Ascona (Kanton Tessin) gelegenen Hügel. Zivilisationsproteste waren mit ideeller Hintergrund dieser Gemeinschaft. Dazu Träume vom «einfachen Leben», verkörpert durch den amerikanischen Schriftsteller Henry David Thoreau und den Russen Leo Tolstoi; dann auch durch Gartenstadt- und Dürerbund-Bewegung, durch Naturheilkunde und durch Gegenwelt-Utopien von Theosophen und Anarchisten. Bald wurde Ascona und vor allem der Monte Verità internationale Begegnungsstätte vieler teils namhafter Vertreter der europäischen Utopie. Zu den bedeutendsten Besuchern gehörten etwa Hermann Hesse und mehrere bekannte Dadaisten. Heute sind im restaurierten Casa Anatta noch verschiedene Kunstobjekte aus der Bewegung Monte Verità zu sehen.

*\* Öffnungszeiten Casa Anatta: Im Juli und August von 15-19 Uhr; April, Mai, Juni sowie September und Oktober 14.30-18 Uhr, montags geschlossen. November bis Ostern geschlossen. Auskünfte über Verkehrsverein Ascona, Telefon 093/35 00 90.*

**Die einzigen regelmässig durchgeführten Waffenläufe** der Welt betreiben die wehrhaften Schweizer. Seit 1934 gibt es den als Militärwettkampf eingeführten Lauf. Noch heute treten die Athleten beim (inzwischen freiwilligen) Sport-Unikum in Armeeanzügen an, mit Rucksack, auf dem ein Gewehr angeschnallt ist.

**Die meisten markierten Wanderwege** Europas im Vergleich zur Landesgrösse hat die Schweiz, wenn man das Fürstentum Liechtenstein miteinbezieht. Was wir hiermit tun. Weit über 50'000 Kilometer Wanderwege sind markiert!

*\* Mehr Infos zum Thema Wandern und Wanderwege: «Schweizer Wanderwege», Telefon 061/601 15 35.*

**Der teuerste Wandteppich** stammt aus der Schweiz. Er wurde 1981 bei Sotheby's London für 550'000 Pfund ersteigert und hängt jetzt im Historischen Museum in Basel. Es handelt sich dabei um den sogenannten «Flachslandteppich», einen Basler Wirkteppich, der um 1468 entstand und «wilde Leute auf der Hirsch-

*Wirkteppich «Wilde Leute auf der Hirschjagd». Basel, um 1468. Foto: Maurice Babey*

85

*Lauterbrunnen mit dem Staubbach im Vordergrund*

jagd» zeigt. Hans Flachsland, der sich im 15. Jahrhundert verschiedentlich um Basel verdient gemacht hatte und zwischen 1454 und 1463 Bürgermeister der Stadt war, hatte denn auch diesen wertvollen Teppich in Auftrag gegeben.

*\* Der Flachslandteppich ist im Historischen Museum Basel ausgestellt (Barfüsserkirche, Untergeschoss). Ausstellung geöffnet 10-17 Uhr, dienstags geschlossen.*

**Der höchste Wasserfall** Europas fällt nahe von Lauterbrunnen im Berner Oberland zu Tale. Genauer: der Staubbach über der Westwand des Taltroges von Lauterbrunnen hat den höchsten freien Fall aller europäischen Wasserfälle. Seine freie Fallhöhe beträgt 287 Meter, der gesamte Höhenunterschied (Beginn und Ende der Kaskadenstrecke) beträgt bis zu 400 Meter. Berühmt wurde der Staubbachfall schon vor zweihundert Jahren durch Goethes Gedicht «Gesang der Geister über den Wassern». Das Lauterbrunnental ist für seine imposanten Wasserfälle berühmt, 72 sind es insgesamt.

*\* Die Wasserfälle sind alle auf Wanderwegen von Lauterbrunnen aus bequem zu erreichen.*

**Die grössten Weisstannen** Europas waren die Dürsrüti-Tannen oberhalb Langnaus im Emmental. Waren, denn heute steht noch ein einziger

Riesenbaum des einstmaligen Privatwaldes, der heute der Stadt Bern gehört. Die übrigen Tannen mussten altershalber oder wegen verschiedener Krankheiten gefällt werden, die letzte im November 1990. Die noch übriggebliebene Rekordtanne ist etwa 350jährig und stolze 55 Meter hoch. Ihr Holzvolumen wird auf 35 Kubikmeter geschätzt und dies macht den Superlativ aus.

**Die ersten Wendeschlüssel** der Welt wurden unter dem Namen «Kaba» 1934 patentiert. Im Gegensatz zum üblichen, gezackten Sicherheitsschlüssel kann der Wendeschlüssel beidseitig mit dem Schaft ins Loch gesteckt werden. Kaba ist übrigens das Kürzel von Kassenbauer. Herr Bauer, der Gründer der Firma Bauer Kaba AG in Wetzikon (Kanton Zürich), baute zuallererst Kassenschränke. Der Durchbruch gelang ihm aber schliesslich mit den Wendeschlüsseln.

**Die höchsten Werbeausgaben** der Welt hat, pro Kopf der Bevölkerung gerechnet, die Schweiz. Bereits 1987 lag die Schweiz mit 233 $ Ausgaben pro Kopf an der Spitze. Die Eidgenossenschaft ist bezüglich Werbung auch ein Printland. Bei den Werbeausgaben für Zeitungen und Zeitschriften liegt die Schweiz international an der Spitze.

**Das einzige Wintergolf-Turnier** Europas findet jedes Jahr im Januar in St.

*Gut markierter Witzwanderweg mit 75 typischen AppenzellerWitzen*

Moritz statt. Golfplatz ist der St. Moritzersee. Die 9 holes werden direkt ins Eis gebohrt und die Fahnenstangen darin eingefroren. Eine Neun-Loch-Runde dauert zwei bis drei Stunden. Gespielt wird mit roten Bällen. Im Bootshaus des St. Moritzer Segelclubs werden «steife Grogs» serviert, was andeutet, dass es den Golfern aus aller Welt vor allem um Freude am Gag und am Grog geht.

**Der erste Witzwanderweg** der Welt wurde am 1. April 1993 im Appenzellerland eröffnet. Er führt hoch über dem Bodensee am Berghang entlang von Heiden über Wolfhalden nach Walzenhausen (oder umgekehrt). Die reine Wanderzeit beträgt circa 2½ Stunden. Will man die 75 Witze alle lesen, dauert es etwa 3½ Stunden. Der Weg kann (auch im Winter) ohne Karte begangen werden, die Witztafeln geleiten einen immer zum Ziel. Auch kann man in einem Gasthäuser am Weg eine Pause einlegen.

*\* Witzwanderweg. Nähere Informationen über Anreise, Hotels und Witzwanderweg bei: Appenzellerland Tourismus AR, Telefon 071/ 59 11 59.*

# Z

**Die erste Zahnradbahn** Europas führt von Vitznau am Vierwaldstättersee auf die 1798 Meter hohe Rigi. Die 1871 in Betrieb genommene Bahn galt damals als Markstein in der Geschichte der Eisenbahnen wie des Tourismus, zählt doch die Rigi, der Bergstock der Sihlgruppe, als besonders schöner Aussichtspunkt. Initiant der Vitznau-Rigi-Bahn war der schweizerische Generalkonsul John Hitz aus Washington, der bei einem Besuch der Zentralbahnwerkstätte auf der schon damals weltweit be-

kannten Rigi auf diese "als einen für die Erprobung einer solchen Zahnradbahn besonders geeigneten Berg" aufmerksam machte.

* *Auskunft und Reservation Nostalgiefahrten: Telefon 041/83 18 18.*

**Die meisten Zeichen** der Welt findet man wohl in der Schweiz. Unter einem «Zeichen» meint der Heraldiker (Wappenforscher) nebst den Wappen auch Fahnen oder Siegel. Die Kantonsfahnen haben vor rund 160 Jahren ihre Funktion als militä-

*Nostalgiefahrt auf die Rigi. Foto M. Bürgi*

*Grosses Berner Siegel mit Bär und Reichsadler, 1470 bis 1716*

rische Feldzeichen verloren und werden heute meist als Zeichen festlicher Freude benützt.

**Der erste Zionistenkongress** überhaupt tagte im Stadtcasino Basel, auf den Ruf und unter der Leitung von Dr. Theodor Herzl (1860-1904), bei welchem auch die zionistische Organisation, die Wegbereiterin des Staates Israel, gegründet wurde. Das Ereignis des ersten Kongresses von 1897 fasste Theodor Herzl in seinem Tagebuch in den berühmt gewordenen Worten zusammen: "Fasse ich den Baseler Kongress in einem Wort zusammen – das ich mich hüten werde, öffentlich auszusprechen – so ist es dieses: in Basel habe ich den Judenstaat gegründet. Wenn ich das heute laut sagte, würde mir ein universelles Gelächter antworten. Vielleicht in fünf Jahren, jedenfalls in fünfzig, wird es jeder einsehen."

**Im Zivilschutz führend** ist, zumindest europaweit, die Schweiz. Das lässt sich zwar laut Bundesamt für Zivilschutz nicht mit einzelnen Zahlen belegen, da auch hier die Gesetze in den einzelnen Ländern unterschiedlich sind. Aber Schutzplätze, Organisation und Gesetzgebung zusammengenommen, trifft obige Aussage zu. Über sechs Millionen in den Gemeinden für die Bevölkerung verfügbare Schutzplätze in belüfteten Schutzräumen gibt es bereits. Ziel ist es aber gemäss der Volksabstimmung von 1971, jedem Schweizer einen Schutzplatz zu garantieren.

**Der höchstgelegene städtische Zoo** Europas ist der «Parc Zoologique du Bois du Petit-Château» in La Chaux-de-Fonds (Kanton Neuenburg). Die rund 30'000 Quadratmeter grosse Parkanlage ist Zoo, Botanischer Garten, Kinderspielplatz und Ort zum gemütlichen Flanieren in einem. Über 400 Tiere sind zu beobachten, darunter viele teils exotische Vögel. Zu den Höhepunkten gehört das Vivarium mit Schlangen, Spinnen und anderen Insekten. Und, besonders erfreulich: der Eintritt ist gratis. Damit ist der «Bois du Petit-Château» auch eine soziale Institution.
* *Parc Zoologique du Bois du Petit-Château, rue A-M. Piaget. Geöffnet: Täglich 6.30 Uhr bis zum Eindunkeln. Vivarium: 10-12 und 14-17 Uhr.*

# ANHANG

# MUSEEN, VERANSTALTUNGEN & SEHENSWÜRDIGKEITEN

## Museen

## Veranstaltungen

## Sehenswürdigkeiten

# ORTSREGISTER

# ABBILDUNGSVERZEICHNIS

Webo Verlag AG, Bern   S. 14

Foto: Hannes-Dirk Flury, Basel   S. 19

Foto Eigster   S. 22

Urs Bütler   S. 29

Bildnachweis: Aus M. Conrad / D. Zimmer, «Wandbilder vom Sprayer», Fricke Verlag, 1981   S. 30

Maja Zimmermann, Winterthur   S. 51

Wocher Panorama der Stadt Thun um 1810, gemalt von Marquard Wocher (1760-1830). Besitz: Eidg. Gottfried-Keller Stiftung. Verwaltung: Kunstmuseum Thun   S. 55

Wirkteppich «Wilde Leute auf der Hirschjagd» («Flachsland-Teppich»), linker Teil. Basel, um 1468. Foto: Historisches Museum Basel, Maurice Barbey   S. 85

Foto M. Bürgi, Vitznau   S. 89

Bildnachweis: Aus «Die Städte und Landessiegel der Schweiz», Band XIII. Mitteilungen der antiquierten Gesellschaft in Zürich   S. 90

Besonderen Dank an die Schweizerische Verkehrszentrale in Zürich, die uns diverse Fotos zum freien Abdruck zur Verfügung stellte.

Dank auch an all jene, die mir mit einzelnen Rekord-Ideen und Hinweisen weitergeholfen haben.

# ZUM AUTOR

*Hannes Bertschi,* 1952 in Riehen bei Basel geboren. Mehrjährige Tätigkeit als Schreib- und Zeichenlehrer in Basel. Ausgedehnte Reisen über Nord- und Mittel- nach Südamerika, im speziellen nach Brasilien; weitere mehrmonatige Reisen nach Brasilien und auch in die USA. Seit 1987 regelmässig längere Aufenthalte auf den Philippinen. Diverse Kurzreisen nach Tunesien, Kenya, Russland und zahlreiche europäische Städte.

Wenn er nicht gerade auf Reise ist, lebt Hannes Bertschi in Basel, wo er in den Jahren 1977-1980 auch Mitinitiant und Leiter der «Dalbelochspiele» war und diverse Tätigkeiten ausübte. Seit 1980 ist er vollberuflich journalistisch tätig und arbeitete u.a. für die «Basler Zeitung», das «Sphinx Magazin», die Zeitschrift «Jazz» sowie als Autor diverser Beiträge für Radio, Film und Fernsehen. In dieser Zeit hat er insgesamt 8 Bücher veröffentlicht, darunter auch den Vorläufer der CH-TOPS, «Das Basler Buch der Rekorde» (1982, vergriffen) sowie das Sachbuch «Die Kondom Story» (1994).

# NACHWORT & AUFFORDERUNG

Wie nicht anders zu erwarten, erhebt dieses Buch keinerlei Anspruch auf Vollständigkeit, da natürlich auch die Auswahlkriterien immer subjektiv sein werden. Bei der Sammlung und Auswertung der Rekorde haben wir allerdings darauf geachtet, dass immer ein klarer Bezug zum geographischen Standort Schweiz besteht. Wir verzichteten deshalb darauf, irgendwelche Sonderleistungen von Leuten aufzuführen, die sich lediglich in der Schweiz aufgehalten haben (Bsp. Sportler).

Dieses Buch soll nicht zuletzt auch als Anregung dienen für alle, die sich etwas bewusster mit der Schweiz und ihren zahlreichen «Superlativen» auseinandersetzen möchten. Es würde uns freuen, wenn wir mit diesem Buch einen Grundstein für weitere «CH-Tops» gelegt haben. In diesem Sinne möchten wir Sie dazu auffordern, uns interessante und noch nicht vertretene Rekorde mitzuteilen, damit wir sie in allfälligen nächsten Ausgaben berücksichtigen können. Auf den folgenden Seiten finden Sie Platz für eigene Nachträge, Zeitungsausschnitte und Notizen.

Adresse des Autors:
Hannes Bertschi, CH-TOPS, Byfangweg 22, 4051 Basel (Fax 061 271 32 05)

Für weitere Anregungen sowie Informationen zu Spezialkonditionen, Sonderauflagen etc. wenden Sie sich bitte direkt an den Verlag:
Midas Verlag AG, Ankerstrasse 3, CH-8004 Zürich (Fax 01 242 61 05)

# PERSÖNLICHER NACHTRAG

..............................................................
..............................................................
..............................................................
..............................................................
..............................................................
..............................................................
..............................................................
..............................................................
..............................................................
..............................................................
..............................................................
..............................................................
..............................................................
..............................................................
..............................................................
..............................................................
..............................................................
..............................................................
..............................................................
..............................................................
..............................................................
..............................................................
..............................................................
..............................................................
..............................................................
..............................................................
..............................................................
..............................................................
..............................................................
..............................................................

# PERSÖNLICHER NACHTRAG

..........................................................................................
..........................................................................................
..........................................................................................
..........................................................................................
..........................................................................................
..........................................................................................
..........................................................................................
..........................................................................................
..........................................................................................
..........................................................................................
..........................................................................................
..........................................................................................
..........................................................................................
..........................................................................................
..........................................................................................
..........................................................................................
..........................................................................................
..........................................................................................
..........................................................................................
..........................................................................................
..........................................................................................
..........................................................................................
..........................................................................................
..........................................................................................
..........................................................................................
..........................................................................................
..........................................................................................
..........................................................................................
..........................................................................................

# PERSÖNLICHER NACHTRAG

...................................................................
...................................................................
...................................................................
...................................................................
...................................................................
...................................................................
...................................................................
...................................................................
...................................................................
...................................................................
...................................................................
...................................................................
...................................................................
...................................................................
...................................................................
...................................................................
...................................................................
...................................................................
...................................................................
...................................................................
...................................................................
...................................................................
...................................................................
...................................................................
...................................................................
...................................................................
...................................................................
...................................................................
...................................................................